资助项目：西华大学校内人才引进项目（项目编号：RX2300000

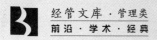

经管文库·管理类
前沿·学术·经典

The Impact of Members' Behavior on
Bilateral Encroachment in Supply Chain

成员策略行为对
供应链双边入侵的影响

王琦君 ◎著

MANAGEMENT

经济管理出版社
ECONOMY & MANAGEMENT PUBLISHING HOUSE

图书在版编目（CIP）数据

成员策略行为对供应链双边入侵的影响 / 王琦君著.
北京 ：经济管理出版社，2024. -- ISBN 978-7-5096
-9936-2

Ⅰ．F252.1

中国国家版本馆 CIP 数据核字第 2024QF3272 号

组稿编辑：白　毅
责任编辑：白　毅
责任印制：许　艳
责任校对：王淑卿

出版发行：经济管理出版社
　　　　　（北京市海淀区北蜂窝 8 号中雅大厦 A 座 11 层　100038）
网　　址：www. E-mp. com. cn
电　　话：(010) 51915602
印　　刷：唐山昊达印刷有限公司
经　　销：新华书店
开　　本：720mm×1000mm/16
印　　张：11.75
字　　数：168 千字
版　　次：2024 年 11 月第 1 版　　2024 年 11 月第 1 次印刷
书　　号：ISBN 978-7-5096-9936-2
定　　价：98.00 元

前　言

受信息技术和电子商务等发展的驱动，供应链的商业模式正在转变。一方面，许多制造商正在建立网络直销渠道，入侵零售商的销售业务；另一方面，也有许多零售商正在建立自有品牌，入侵制造商的产品业务。供应链中出现了上下游之间的双边入侵。相关研究总结得出，战略决策辅助（如提供战略决策支持信息）、技术资源和创新，以及运营支持（如改善分销渠道）等都是影响制造商单边的渠道入侵决策的主要因素，但是否会影响双边入侵决策不得而知。基于此，本书结合对目前商业实践的观察，选取零售商信息共享、制造商投资和零售商开放平台三个不同维度的企业行为，运用博弈论和微观经济学等理论方法，研究供应链成员策略行为对制造商和零售商双边入侵决策的影响。

为追随已往研究思路，并承接现有研究主题，首先，本书不考虑供应链成员其他行为，仅研究了制造商和零售商双边入侵的联合影响。假设供应链中存在一个制造商可以通过直接向消费者销售全国性品牌产品来入侵零售商的销售业务，同时存在一个零售商可以通过开发和销售自有品牌产品来侵占制造商的产品市场。通过捕获制造商产品优势和零售商销售优势，考察双边入侵的联合影响和改进办法。研究结果表明，与传统观点相反，在一定条件下，制造商和零售商的双边入侵会出现"囚徒困境",即帕累托最优解不是入侵,但入侵是两种企业的最优策略。但是,如果允许一个企业先制定入侵或者销量决策,就可以改进这一结果。

其次,基于实证研究和实践中的商业现象,选择了三种不同的角度来探索供应链成员行为对双边入侵决策的影响。其一,研究了零售商需求信息共享对双边入侵决策的影响。通过构建零售商与制造商共享需求信息和不共享信息下的双边入侵博弈模型,分析了需求信息共享行为对双边入侵决策的影响。研究发现,共享需求信息能够影响双边入侵的博弈均衡,可能使原本无信息共享下出现的双方均入侵均衡转变为仅制造商入侵,也可能使无信息共享下出现的仅零售商入侵均衡转变为双方均入侵。但是,研究发现,当且仅当直销成本适中且消费者对自有品牌估值较低时,零售商愿意主动共享信息,而此时共享信息能使制造商放弃入侵。其二,研究了制造商降低生产成本的投资行为对双边入侵决策的影响。分别建立了无投资和制造商投资情形下的双边入侵博弈模型,得到了两种情形下的双边入侵博弈均衡。研究发现,在一定条件下,制造商投资能够阻止双边入侵的发生。具体地说,零售商的品牌入侵会刺激制造商加大对降低生产成本的投资力度,且自有品牌产品的估值越高,投资力度越大。一方面,投资水平的提高会削弱零售商自有品牌的竞争力;另一方面,制造商自利的投资行为所产生的效益会通过批发价格溢出到零售商,那么投资水平的提高就会提升零售商在零售渠道获得的收益。因此,零售商愿意在自有品牌估值较高的情况下放弃入侵,并且此时制造商也不必为了应对零售商的入侵而被动地采取入侵。其三,研究了制造商和网络零售商的双边入侵博弈,考察了网络零售商开放平台对双边入侵决策的影响。研究发现,基于零售商平台的双边入侵不会使制造商和零售商陷入"囚徒困境"。当制造商面临通过零售商平台直销和通过自建网站直销两种选择时,虽然两种入侵方式均需要制造商付出一定的代价，但制造商更倾向于选择通过零售商平台入侵。零售商开放平台能使制造商从无入侵或从自建网站入侵转向借助其平台入侵。同时，零售商自身也可能在开放平台后采取品牌入侵。

最后，通过总结和洞察每种成员行为对双边入侵决策的影响，探讨不同成员行为在双边入侵供应链中所具有的共性，发现需求信息共享、制造商投资和开放平台三种成员行为均关联着双边入侵供应链的对称性。成员行为对于供应链对称性的改变影响着双边入侵的博弈均衡。

目　录

6.3.1　TEE 情形子博弈均衡 ………………………………… 93

6.3.2　TEN 情形子博弈均衡 ………………………………… 95

6.3.3　TNN、TNE 情形子博弈均衡 ………………………… 96

6.3.4　入侵博弈均衡 ………………………………………… 96

6.4　制造商的入侵方式选择和开放平台的影响 …………… 99

6.5　数值分析 ………………………………………………… 103

6.6　扩展分析 ………………………………………………… 106

6.7　本章小结 ………………………………………………… 110

第7章　结论与展望 ……………………………………………… 112

7.1　主要研究结论 …………………………………………… 112

7.2　研究局限和展望 ………………………………………… 117

参考文献 …………………………………………………………… 119

附录1　第3章证明 ……………………………………………… 132

附录2　第4章证明 ……………………………………………… 148

附录3　第5章证明 ……………………………………………… 165

附录4　第6章证明 ……………………………………………… 174

致　谢 ……………………………………………………………… 179

第1章 绪论

1.1 研究背景及意义

1.1.1 研究背景

在传统供应链中，通常由一个企业进行产品的开发和制造，然后将产品交付给另一个企业进行销售（蒋雨珊，2017）。然而，在现在的商业世界中，许多企业在供应链中扮演着多种角色；它们不仅是产品的开发者和制造者，也是产品的销售者。具体地说，一方面，随着全球电子商务的快速发展，越来越多的制造商开始建立网络直销渠道，直接面向消费者销售产品（Niu 等，2016）。如手机行业的苹果（Apple）、个人电脑行业的联想、运动服装行业的耐克（Nike）等企业，它们在通过零售商分销产品的同时，也在自己的官方网站上直接向消费者销售产品。另一方面，许多零售商不仅销售从上游采购的制造商品牌商品，同时还开发和推出了自有品牌，与制造商在产品市场中竞争。在美国和欧洲，自有品牌至少占零售商总销售额的 20%（Steenkamp 和 Dekimpe，1997）。例如，零售业巨头沃尔玛（WalMart）推出了惠宜（Great Value）、明庭（Mainstays）、劲霸（Durarand）、宣洁（Equate）等多个自有品牌，涉及日用品、食品、家居、家电、服饰等众多品类。上游制造商建立直销渠道，入侵下游零售商的销售业务，称之为制造商渠道入侵（Manufacturer Encroachment）。下游零售商建立自有品牌，入侵上游制造商的产品业务，称之为零售商品牌入侵（Retailer Encroachment）。供应链中的制造商和零售商均有机会入侵对方的业务，称之为双边入侵（Bilateral Encroachment）。

实践中，双边入侵现象并不罕见。例如，苹果公司通过沃达丰（Vodafone）和中国移动等电信运营商销售 iPhone 手机给消费者，也通过苹果的官方网站和直营店销售手机；沃达丰（Vodafone）和中国移动等电信运营商，则开发并向消费者销售它们的自有品牌手机。美的在将家电产品批发给苏宁易购的同时，也在其自建的网上商城售卖电器产品；苏宁易购也打造了家电类自有品牌苏宁小 Biu①。但为何一部分供应链中的上下游企业双方均采取了入侵，而另一部分供应链中仅存在一方入侵或是无人侵呢？对此，笔者不禁好奇制造商和零售商的入侵决策受到哪些行为因素的影响。

Tahirov 和 Glock（2022）在对制造商渠道入侵相关文献进行回顾的基础上，总结了已有研究提出的影响制造商入侵决策的因素，包括战略决策辅助（如提供战略决策支持信息）、技术资源和创新、运营支持（如改善分销渠道、提升服务水平）几个方面。基于此，本书通过对信息共享、投资创新和渠道管理三个维度的企业行为进行思考，同时结合对现下商业实践现象的观察，选

---

① https：//baike. baidu. com/item/%E8%8B%8F%E5%AE%81%E5%B0%8FBiu/23743236? fr = aladdin.

取了零售商需求信息共享、制造商成本降低投资、零售商开放平台三种不同的角度来研究供应链成员行为对双边入侵决策的影响。

实际上，企业决策的一个重要依据是市场需求情况。但由于竞争和社会经济环境的持续变化，市场需求具有季节性、随机性等特点，企业往往面临市场需求不确定的风险（Ha 等，2017）。这给企业的生产和销售决策带来了挑战。对此，如沃尔玛（Walmart）、乐购（Tesco）、好市多（Costco）等许多零售商对信息系统和技术研发进行了大量投资。这些零售商通过建立客户跟踪系统、客户关系数据库等，能够记录消费者的需求、偏好，从而预测未来市场需求（Zhang 等，2018；石纯来和聂佳佳，2019）。然而，相比零售商，制造商通常离消费者更远。因而，其往往难以推测未来市场对于其产品的需求量。例如，著名的电子产品制造商旭电（Solectron）曾经由于没有准确掌握需求信息，产生了价值 47 亿美元的库存积压（Shamir，2012）。部分零售商为了减少因制造商的信息缺乏给其自身乃至整个供应链带来的负面影响，主动并及时地与制造商共享其掌握的需求信息。2006 年的一项对 89 个零售商的调查显示，有 27% 的零售商在与其上游制造商共享销售点（Point of Sale）数据（Zhang 等，2018）。因此，有必要探索当市场需求不确定时，零售商需求信息共享对双边入侵决策的影响。

近年来，增材制造（AM）、物联网（IoT）、大数据分析（BDA）、人工智能（AI）和自动化模拟（AS）等先进技术的发展已经掀起了新一轮的工业革命，这给生产制造企业创造了新的机会。如华为[1]、苹果[2]、特斯拉[3]等上游制造商，正致力于投资引入这些先进技术，打造智慧工厂，以改进生产效率和降低生产成本。例如，它们使用增材制造技术快速生成用于自动化测试的原型，从而

---

① http://www.elecfans.com/kongzhijishu/652142.html.

② https://www.sohu.com/a/156011707_115978.

③ http://mp.ofweek.com/nev/a645693028776.

降低工程成本；利用工业物联网设备的实时生产监控和预测性维护技术，可以减少70%的制造故障，从而节约高昂的设备维修和停机成本①。根据普华永道对2016年全球工业4.0建设调查，成功实施了工业4.0计划的公司预计平均每年可以降低3.6%的成本②。生产效率的提高势必需要合理的供应渠道相适配。然而，当制造商投资于降低生产成本时，制造商和零售商应如何调整入侵策略则不得而知。因此，探索制造商降低成本投资下的双边入侵策略和研究技术投资对双边入侵的影响具有重要的现实意义。

电子商务的发展不仅给制造商带来建立网络直销渠道的机会，同时也改变了零售业的商业模式和竞争格局。近年来，网络零售商实现了快速崛起③。这使更多的制造商考虑通过网络零售商分销产品。有趣的是，相较于以转售作为主要经营模式的传统零售商，京东、亚马逊、当当等网络零售商一方面转售制造商的产品，另一方面逐步开放其销售平台，允许制造商以缴纳佣金的方式，在其平台开设店铺，直接面向消费者销售产品。现有的研究文献通常将制造商入驻零售商平台直接销售产品的方式称为零售商代理销售模式，并将其与零售商转售模式相比较（Tian等，2018；Abhishek等，2016）。然而，根据对现实的观察，制造商在入驻零售商平台后，仍然由其自身负责产品的销售。正如，在京东平台上，制造商的店铺简介是品牌直营官方旗舰店，且制造商开设的直营店势必会分走部分零售商的顾客。因此，在本质上，这种销售模式仍然是制造商直销模式（Hagiu和Wright，2015）。并且这种直销方式仍会侵占零售商的销售业务。以京东平台为例，如表1-1所示，苹果、华为和小米通过京东转售产品，但它们没有入驻京东平台；而美的、戴森等制造商既通过京东转售产

---

① https：//eagletechnologies.com/2020/05/12/how-industry-4-0-technologies-save-costs-for-manufacturers/.

② https：//jbcole.co.uk/blog/the-financial-benefits-of-industry-4-0-cost-reductions-and-increased-productivity.

③ https：//www.100ec.cn/detail--6444577.html.

品，又入驻京东平台直接面向消费者。与此同时，许多线上零售商也正在发展自有品牌。例如，亚马逊推出了 Amazon Basics 等 100 多个自有品牌①。京东的自有品牌京灶、京旋、家白等，涉及食品、婴幼儿护理、家居、百货、服装、箱包、家电等众多产品领域②。那么，在制造商和网络零售商组成的供应链中，制造商开设直营店和零售商建立自有品牌的双边入侵博弈是怎样的呢？网络零售商开放平台是否会改变其与制造商的入侵策略？为了回答这两方面的问题，有必要进一步考察制造商和网络零售商之间的双边入侵决策以及网络零售商开放平台对双边入侵的影响。

表 1-1　制造商在京东平台的销售渠道选择

制造商	转售	直销+转售
苹果（Apple）	√	—
华为（HUAWEI）	√	—
中兴	√	—
小米	√	√
vivo	—	√

在供应链管理领域，制造商单方面的渠道入侵问题已经得到了相关学者的广泛研究。他们重点考察了不同环境和不同成员行为下制造商入侵对其自身和零售商收益的影响，普遍认为制造商渠道入侵能够增加其自身收益，但同时可能损害零售商的利润（Ha 等，2016）。然而，如果供应链中的制造商和零售商均有机会入侵对方的业务，情况会如何呢？已有研究并未回答此问题。因此，在进入本书的研究主题之前，先考察一个最基本的情况，即不考虑成员其他行为时制造商

---

① https：//www.scrapehero.com/everything-you-need-to-know-about-amazon-private-labels/.

② https：//fawu.ma.cn/nd-7847.html.

和零售商的双边入侵博弈，以便深入分析双边入侵的联合影响。然后，在此基础上研究零售商需求信息共享、制造商降低生产成本投资和零售商开放平台三方面的成员行为对双边入侵决策的影响。此三种成员行为分别涉及了信息共享、投资创新、渠道管理三个不同的维度。实证研究已经表明，此三个维度的企业行为会影响制造商单边的入侵决策。本书采用建模的方法研究三种不同成员行为对双边入侵决策的影响，分析不同成员行为影响企业入侵决策的作用机制。

1.1.2　研究意义

本书对制造商渠道入侵和零售商品牌入侵的双边入侵博弈展开研究。从理论的角度探讨制造商和零售商的双边入侵博弈互动，研究信息共享、企业投资、开放平台三种成员行为对双方入侵决策的影响。本书的研究问题和研究结论兼具实践和理论意义。具体阐述如下：

（1）理论意义。首先，本书考察不同决策顺序下制造商渠道入侵和零售商品牌入侵的联合影响，发现可以通过改变两企业的决策顺序来避免其陷入同时行动的"囚徒困境"。由于在经典文献中出现的"囚徒困境"是独立于决策顺序的，因此这一发现是对已有文献的补充，即可以通过改变博弈参与者的决策顺序来改变博弈结果。

其次，本书分析市场需求不确定下零售商信息共享对双边入侵策略的影响。已有研究虽然考察了信息共享对制造商渠道入侵的影响，但并没有考虑到零售商也有采取品牌入侵的机会。本书的研究能够检验零售商信息共享对双边入侵决策的影响，并得到零售商信息共享策略与其自有品牌之间的联系，丰富企业信息共享和渠道管理互动博弈相关研究。

再次，本书研究制造商成本降低投资对双边入侵的影响。研究发现，零售商品牌入侵威胁能够激励制造商提高投资水平，以增强产品竞争力并阻碍零售商的品牌入侵。并且，此时制造商也不必为了应对零售商的入侵而被动地采取入侵。这一结论扩展了应对入侵相关研究，同时为学者研究如何激励企业扩大投资提供了新的思路。

最后，本书研究制造商和网络零售商之间的双边入侵博弈和开放平台对双边入侵策略的影响。其中，分析了制造商面对通过自建网站和通过零售商平台直销两种入侵方式时的选择问题。以往的文献通常将制造商通过零售商平台直销的方式视作零售商代理销售，从而研究企业对代理和转售两种方式的偏好，忽略了企业面对不同直销方式时的选择问题。因此，本书的研究填补了这一空白，丰富了有关制造商直销渠道入侵的理论研究。

（2）实践意义。信息技术和电子商务的发展给制造商和零售商提供了更好的机会去入侵对方的业务。但是面临复杂多变的环境，企业应该在什么情况下入侵，以及如何入侵是企业管理者需要思考的问题。本书的研究确定了不同成本结构、不同决策顺序、不同信息共享策略、不同企业投资水平和不同直销方式下的制造商和零售商采取入侵的条件，分析了不同维度的供应链成员行为对双边入侵决策的影响及作用机理，研究结论能够为处于不同环境下的企业制定入侵决策提供建议。具体而言，首先，制造商和零售商双方应协调入侵决策的先后顺序，以尽可能避免陷入双边入侵的"囚徒困境"。其次，若制造商对市场需求不了解时，制造商和零售商在制定入侵决策前应先考虑是否共享需求信息。比如，若零售商从不共享需求信息转向共享需求信息，那么制造商可以考虑放弃渠道入侵。再次，在制造商能够通过投资先进技术来改进生产效率时，零售商和制造商应预测投资水平，从而制定入侵策略。因为，零售商的品牌入侵会使制造商提升投资水平。并且，消费者对自有品牌产品的估值越高，制造商提升投资水平的动机越强烈。而制造商的投资会增强其产品竞争优势，进而削弱零售商的自有品牌收益。那么，此时零售商应考虑放弃入侵，转而从转售制造商产品的业务中获取更多收益。与此同时，若生产成本极大，制造商也不必为了应对零售商入侵而采取入侵。最后，近几年网络零售平台的快速发展使许多制造商开始通过网络零售商销售产品。研究表明，若网络零售商愿意开放其销售平台，制造商应该考虑从无直销渠道或自建网站直销转为借助零售商平台直销产品，因为借助网络零售商销售平台直销产品是一种更加友好的入侵方式，并且不会降低供应链的运作效率。对于网络零售商来说，若其开始开放平台，也可考虑引入自有品牌。

此外，本书的研究还提出了关于零售商制定信息共享策略和制造商制定投资策略的相关建议。首先，零售商在制定信息共享策略时不应忽略其自有品牌。若消费者对零售商自有品牌估值较高，或者说零售商自有品牌产品的质量较高，那么，零售商应保留市场需求信息。若消费者对零售商自有品牌估值较低且直销成本适中，那么，零售商应积极地共享信息。其次，若制造商正在使用新技术改进生产效率、降低生产成本，那么，制造商应根据不同的双边入侵情况调整投资水平。比如，若零售商采取品牌入侵，那么，制造商应提升投资水平。因为，投资水平越高，其产品竞争优势就越大。

1.2 研究内容

本书的研究内容框架如图 1-1 所示。其中，第一部分研究作为本书的基础研究，考察双边入侵的联合影响，起到承接作用。第二、第三、第四部分在第一部分的基础上，切入研究主题，从信息共享、企业投资、开放平台三个角度探讨不同成员行为对供应链双边入侵的影响。接下来逐一阐述。

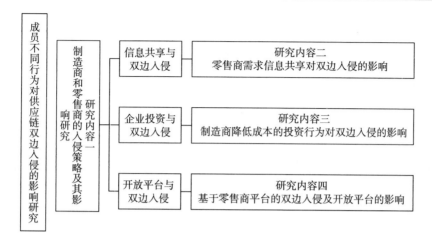

图1-1　研究内容框架

研究内容一：制造商和零售商的入侵策略及其影响研究。

在供应链管理领域，制造商渠道入侵的问题已经得到了相关学者的广泛研究。他们集中考察了不同环境和企业行为下制造商入侵对其自身和零售商收益的影响。但是，已有研究没有回答当供应链中的制造商和零售商均有机会入侵对方的业务时，双边入侵所产生的影响。因此，本书在不考虑成员其他行为下，研究制造商和零售商的双边入侵互动，检验双边入侵的联合影响，并探索是否有提升企业利润的办法。具体而言，首先，假设制造商和零售商同时制定入侵策略和销量决策，分析制造商和零售商的入侵博弈，得到二者同时行动下的双边入侵博弈均衡以及双边入侵对二者利润的影响。其次，假设制造商和零售商先后制定入侵策略或者销量决策，分析两企业在序贯博弈下的最优入侵决策及其影响，从而考察序贯决策是否能够强化或削弱双边入侵对企业利润的影响。

研究内容二：零售商需求信息共享对双边入侵的影响研究。

企业进行产销决策的一个重要依据是消费市场对产品的需求状况。但市场需求具有不确定性，并且与制造商相比，零售商更易预测未来市场需求情况。因此，第二部分研究内容首先考察在需求不确定性的前提下，零售商共享信息和不共享信息时，其与制造商的双边入侵博弈。其次对比两种情形下的入侵博弈均衡，从而探讨零售商信息共享行为对双边入侵决策的影响。最后分析零售商是否愿意共享市场需求信息，确定其共享信息的条件和动机。

研究内容三：制造商降低成本的投资行为对双边入侵的影响。

许多制造商，尤其是技术密集型行业的制造商，不断地改进生产技术，降低生产成本，提升生产效率。而生产效率需要合理的分销渠道相适配。因此，第三部分考察制造商降低生产成本投资下的双边入侵决策，并通过对比有投资和无投资下的入侵博弈均衡，分析制造商投资对双边入侵决策的影响。在此过程中，还将考察不同入侵结构下制造商的最优投资水平，从而分析制造商投资动机与企业入侵决策之间的关系。

研究内容四：基于零售商平台的双边入侵及开放平台的影响。

随着在线零售业务的发展，越来越多的制造商通过网络零售商转售产品。同时，网络零售商也逐渐开放其销售平台，允许制造商在其平台开设直营店售卖产品。因此，本书的第四部分内容考察基于零售商平台的双边入侵。首先，得出基于网络零售商平台的双边入侵博弈均衡。其次，通过比较基于网络零售商平台的双边入侵和基于自建网站的双边入侵，考察制造商对两种入侵方式的选择偏好，进而分析零售商的平台开放行为对其与制造商双边入侵决策的影响。

1.3 研究方法和技术路线

1.3.1 研究方法

本书运用的研究方法如下：①微观经济学。由于本书考虑消费者对多种渠道和多种产品的需求，因此通过微观经济学来构建消费者效用模型，得出各渠道和各产品的需求函数。②博弈论。本书研究供应链中的上游产品制造者和下游产品销售者之间互相侵占对方业务的双边入侵博弈，因此需要运用博弈论提出问题并解决决策主体之间的互动问题。具体而言，本书拟采用静态博弈和动态博弈的方法论来解决所提出的问题。③运筹学。在模型求解过程中，需要保证各渠道和各品牌产品的销量不能为负，即多个渠道和产品的销量作为决策变量存在条件约束。在约束条件下求解双边入侵博弈模型需要借助运筹学中非线性规划的方法。④数值模拟。借助 Maple 科学计算软件，在模型分析阶段，对部分问题进行仿真模拟和算例分析。

1.3.2 技术路线

本书首先从供应链管理实践出发，通过观察实践中的企业渠道管理和品牌管理，初步确定研究主题：成员策略行为对供应链双边入侵的影响。查找实证研究文献，了解可能影响企业入侵决策的企业行为。结合对当前商业现象的观察和已有相关实证研究的总结，进一步明确研究主题和研究范围，即考察信息共享、企业成本投资、开放平台三方面的企业行为对双边入侵决策的影响。其次整理现有关于渠道入侵、品牌入侵、信息共享、企业投资和开放平台等方面的理论和实证研究文献，了解相关研究现状，识别已有文献的研究空白。在此基础上，评估研究主题和可能的研究结论的创新之处。再次确立核心章节的研究目的及具体的研究内容。最后逐一对每一项研究内容进行建模分析，得到研究结论，并提出本书的管理启示。本书的技术路线如图 1-2 所示。

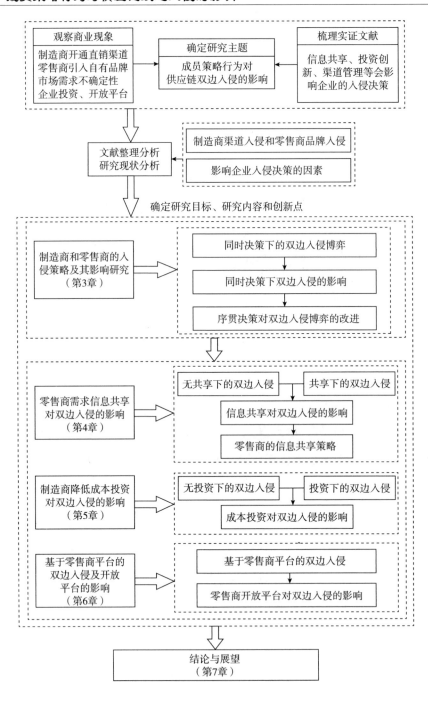

图1-2　本书的技术路线

1.4　主要创新点

本书在渠道管理、品牌管理等理论研究基础上，研究了制造商渠道入侵和零售商品牌入侵的双边入侵博弈互动，探索了零售商需求信息共享、制造商降低生产成本投资和网络零售商开放平台等供应链成员策略行为对双边入侵决策的影响。本书的主要创新点总结如下：

创新点1：本书通过改变入侵决策顺序和销量决策顺序，研究了不同决策顺序下的制造商和零售商的双边入侵博弈及双边入侵的联合影响。研究发现，在同时行动下，双边入侵会使企业陷入"囚徒困境"。但在一定条件下，序贯决策能够帮助企业避免陷入"囚徒困境"。由于经典文献中"囚徒困境"的出现是独立于决策顺序的。因此，本书研究不仅补充了现有关于入侵影响的研究，还识别了先后行动对双边入侵博弈的改进效应。

创新点2：考虑到市场需求具有波动性的特点，研究了需求不确定时零售商信息共享对双边入侵的影响。尽管已有文献考察了制造商入侵和零售商信息共享的决策互动，但这些文献并没有考虑到零售商自有品牌的存在。本书的研究能够得到零售商信息共享策略与其自有品牌的关系，以及信息共享对双边入侵的影响。研究发现，零售商愿意在直销成本适中且消费者对零售商自有品牌估值较低（自有品牌质量较低）时与制造商共享信息，且共享信息能够阻止制造商入侵。这一发现不仅揭示了零售商需求信息共享策略与其自有品牌产品质量之间的关系，还有助于解释实践中拥有自有品牌的零售商仍然愿意主动与制造商共享需求信息的原因。

创新点 3：考虑到近年来高新技术的出现为制造业创造了改进生产的新机会，研究了制造商投资于降低生产成本的行为对双边入侵决策的影响。尽管已有文献考察了制造商投资对其建立直销渠道的影响，但并没有考虑零售商也有机会采取品牌入侵的情况。本书研究发现，若消费者对零售商自有品牌估值较高，制造商的成本降低投资行为能够改变其与零售商的双边入侵博弈均衡，阻碍双边入侵的出现。并且，本书还分析了制造商应对双边入侵所应持有的投资水平，提出制造商应在零售商入侵时应提升投资水平。

创新点 4：本书考察了基于网络零售商销售平台的双边入侵，并将其与基于自建网站的入侵进行对比，分析了零售商开放平台对双边入侵的影响。过去的文献将入驻零售商销售平台进行销售的方式视作代理销售模式，考察了制造商对转售模式和代理模式的偏好。然而，并未有文献考察制造商对基于平台直销和基于自建网站直销两种直销方式的偏好。本书的研究填补了这一空白，分析了制造商对于两种直销方式的偏好和选择，从而考察零售商开放平台对双边入侵的影响。

1.5 全书结构安排

本书由 7 章组成，每章的具体安排如下：

第 1 章为绪论。包括叙述双边入侵和影响双边入侵的企业行为的现实和理论背景，借此提出四方面的研究问题，并说明研究意义，陈述核心章节的具体内容以及需要用到的理论方法，并提出主要创新点等。

第 2 章为文献综述。在该章中，阐述制造商渠道入侵、零售商品牌入侵、制造商与零售商的双边入侵、需求信息共享、研发投资、开放平台等相关研究文献。在最后一小节对已有文献进行总结评述，找出已有研究和本书研究内容的差异，提出本书的理论贡献和创新之处。

第 3 章在不考虑企业任何其他策略行为下，构建双边入侵的博弈模型，求解得到双边入侵博弈的均衡结果。分析双边入侵对企业利润的影响以及改变决策顺序对双边入侵结果的改进效果。采用数字研究的方法进一步考察了不同成本结构下的双边入侵情况。

第 4 章考虑市场需求具有不确定性以及制造商和零售商的信息不对称，分别建立无信息共享和信息共享下的双边入侵模型。基于两种情况下双边入侵的博弈均衡决策，考察共享信息对双边入侵决策的影响，并确定零售商愿意共享信息的条件。

第 5 章构建制造商降低成本的投资模型，分析制造商成本降低投资下的双边入侵博弈均衡，将其与无投资下的入侵博弈均衡作比较，分析制造商投资对双边入侵的影响。

第 6 章首先构建基于零售商平台的双边入侵的博弈模型，得到双边入侵的博弈均衡。其次将其与基于自建网站的入侵模型作比较，得到制造商对不同的入侵方式的选择以及零售商开放平台对双边入侵的影响。

第 7 章总结全书，提出研究结论，并展望未来的研究方向。

第 2 章　文献综述

本书涉及了双边入侵、零售商市场需求信息共享、企业研发投资、开放平台和销售模式等多个研究内容。接下来逐一综述相关研究文献，并说明本书的定位及其与现有研究的差异。

2.1　双边入侵的相关研究

本书所研究的双边入侵是指供应链的上游制造商和下游零售商入侵对方的业务。因此，可从制造商渠道入侵（包含双渠道管理）、零售商品牌入侵（包含自有品牌管理）以及双边入侵三个方面来对相关研究进行综述。

2.1.1　制造商渠道入侵

网络购物的出现显著降低了企业建立直销渠道的固定成本，但直销渠道的建立入侵了零售商的销售业务，因此渠道入侵已经成为供应链管理领域学者所关注的热点话题。这一领域的早期研究集中考察了不同环境和不同条件下制造商入侵销售业务对其自身和零售商的影响。Arya 等（2007）提出，制造商入侵能够缓解供应链中的双重边缘化问题并提高供应链效率，进而使其与零售商实现共赢。这一观点得到了 Xiong 等（2012）、Li 等（2015）、Niu 等（2017）、周宝刚（2019）以及 Guan 等（2019）的支持。然而，有学者提出，在产品质量内生情况下或是在信息不对称的情况下，入侵的影响完全不同。Ha 等（2016）研究发现，如果制造商有足够的质量弹性，那么其入侵总是会损害零售商的利润。Li 等（2014）发现，在信息不对称情况下，制造商入侵会因为代价高昂的信号传递而放大双重边际效用，进而降低双方的收益。Hotkar 和 Gilbert（2021）研究发现，若制造商通过一个非排他性的零售商进行销售，那么结论将会因竞争制造商的存在而改变。具体来说，当两制造商的产品替代性较大时，制造商入侵对零售商有利的可能性将消失。因此，后来的文献更多地从两方面考察制造商入侵的相关问题。一方面，站在零售商视角，研究面临制造商入侵时零售商的对策。例如，蒋雨珊（2017）、杨家权和张旭梅（2020）研究了零售商如何采用策略库存应对制造商入侵的问题。Huang 等（2018）、段玉兰等（2021）分别探讨了零售商和电商平台如何通过主动承诺共享信息来改变制造商的入侵决策。另一方面，许多文献考察供应链中制造商入侵与信息共享之间的互动作用。例如，聂佳佳（2012）、石纯来等（2016）考察了零售商预测信息分享与制造商入侵之间的博弈互动，发现零售商总是不愿主动共享其私有信息。Zhao 和 Li（2017）通过对零售商能够精确预测信息时的信息共享策略的研究，发现制造商入侵可以促使零售商承诺进行信息分享。越来越多的文献研究双渠道运营（曹裕等，2021）、双渠道优化（徐飞和王红蕾，2020；李富昌和刘丰睿，2021；李富昌等，2021）和渠道协调（Zhang 等，2014；Saha 等，2015；龚本刚等，2019；陈静等，2020），以及考虑消费者行为的双渠道管理（李荣耀等，2021；李重莲等，2021）等问题，为已经开通直销渠道的企业提供了双渠道运营的相关策略建议。此外，还有部分文献关注到了不同的产品领域，如生鲜产品（唐润等，2018；曹晓宁等，2021；赵帅等，2021）、药品（李诗杨等，2019；王道平等，2021）、绿色产品等（郑本荣等，2018；李芳等，2020；周岩等，2020），探讨在这些特殊产品领域中的制造商渠道入侵或双渠道管理的问题。本书与以上研究的不同之处在于考虑了零售商品牌入侵的可能性，研究制造商和零售商的双边入侵博弈，识别了潜在的入侵困境。

2.1.2 零售商品牌入侵

相关研究提出，零售商引入自有品牌有多种原因，例如，提高议价能力（Ailawadi 和 Bari，2004）、增加店铺流量和忠诚度（Ailawadi 等，2008）、为消费者提供更多种类的产品等（Amrouche 和 Zaccour，2007）。已有研究从自有品牌产品的定位（范小军等，2018）、产品质量控制（陈瑞义等，2015；Mai 等，2017）、产品定价（段永瑞等，2017）等多个方面探讨了自有品牌管理问题。本书研究零售商品牌入侵和制造商渠道入侵的互动，以及成员策略行为对零售商自有品牌战略选择的影响。Pauwels 和 Srinivasan（2004）、Nasser 等（2013）、曹宗宏等（2014）、Chen 等（2016）以及 Jin 等（2017）的研究表明，品牌入侵对零售商是有利的，因为品牌入侵会使制造商下调产品批发价。但范小军和陈宏民（2011）、曹宗宏等（2014）、李凯等（2017）、Alan 等（2019）、Huang 和 Feng（2020）研究发现，自有品牌的入侵会给制造商造成负面影响。因此，部分研究从制造商的角度探讨了如何应对零售商品牌入侵的问题，这些方法包括广告策略（Karray 和 Zaccour，2006；吕芹和霍佳震，2011；任方旭，2015）、批发价格承诺（Groznik 和 Heese，2010）、成本信息共享（吕芹和霍佳震，2014；Cao 等，2021）和产品研发合作等（Hara 和 Mat-subayashi，2017）。但是它们忽略了制造商也有机会采取渠道入侵来侵占零售商的业务。本书考察了零售商自有品牌和制造商直销渠道的博弈互动，并从供应链的角度识别潜在的入侵困境。虽然 Jin 等（2017）也同时考虑了自有品牌和渠道管理之间的博弈互动，但是在他们的研究中，假设制造商在通过单个零售商销售或通过两个零售商销售之间选择，考察制造商选择与零售商推出自有品牌的策略互动。与 Jin 等（2017）的研究不同，本书中制造商面临的选择是在零售商可能采取品牌入侵时其是否应该采取渠道入侵。

2.1.3　制造商与零售商的双边入侵

少数文献同时关注了制造商渠道入侵和零售商品牌入侵。例如，Zhang 等（2021）从零售商的角度出发，研究了零售商是否应该引入一个高端或低端的自有品牌来应对制造商的入侵。与已有研究不同，本书关注制造商渠道入侵和零售商品牌入侵的互动博弈，研究企业的信息共享、研发投资、开放平台策略行为对双边入侵的影响。Zhang 等（2021）研究的是制造商和零售商的动态博弈，即一个企业先做出入侵选择，另一个企业做出策略反应。而本书主要考察两企业的静态博弈，第一个核心研究内容中的序贯决策研究是对静态博弈结果的改进分析。本书的模型捕获了零售商的销售优势，并发现零售商的销售优势是决定博弈结果的关键因素。这在 Zhang 等（2021）的研究中并没有得到体现。尽管李海等（2016）、Li 等（2018）的研究也考察了零售商自有品牌与制造商直销渠道的互动问题，但与本书的研究存在以下四个方面的不同：第一，技术路线不同。本书采用了非线性规划中的 Karush-Kuhn-Tucker（KKT）条件求解最优决策，而李海等（2016）、Li 等（2018）的研究没有采用这一方法。第二，结论不同。在直销渠道与零售商渠道具有完全替代性条件下（此条件下总市场需求不会因直接渠道的引入而扩大），本书的研究得出，双边入侵存在两组博弈均衡，即双方均入侵或仅零售商入侵。而李海等（2016）、Li等（2018）的结论是此时的博弈均衡总是双方均选择入侵。第三，研究目标不同。李海等（2016）、Li等（2018）的研究目标是得到双边入侵的均衡。而在本书中，第一项研究内容的目标是考察双边入侵的联合影响，并找到双边入侵的改进办法；第二项研究内容的目标是考察零售商信息共享对其与制造商双边入侵决策的影响；第三项研究内容的目标是探索制造商降低生产成本的投资对双边入侵的影响；第四项研究内容的目标是考察基于零售商平台的双边入侵，分析零售商开放平台对双边入侵的影响。第四，本书还考察了双边入侵与成本结构之间的关系，证实了制造商和零售商的入侵策略极大地依赖于两企业的销售成本和生产成本。

2.2 影响因素的相关研究

本书基于Tahirov和Glock（2022）的研究选择了需求信息共享、企业研发投资和开放平台三种因素来探讨不同成员策略行为对双边入侵决策的影响。接下来将对此三种行为的已有相关文献进行综述。

2.2.1 需求信息共享

20世纪80年代中期，信息共享就引起了经济学领域许多学者的注意（Gal-Or，1985；Li，1985）。后来，学者们关注到了供应链管理和企业运营中的信息共享，探索了企业间的成本信息共享（Huang和Yang，2016；Huang等，

2019；李小美等，2020）和需求信息共享（聂佳佳，2012；Li 等，2014；Huang 等，2018；郭强等，2018；石纯来和聂佳佳，2019；许明辉和孙康泰，2020；王桐远等，2021）等问题。本书的研究涉及供应链中的需求信息共享，相关研究如聂佳佳（2012）、Zhang 等（2018）、郭强等（2018）、石纯来和聂佳佳（2019）、许明辉和孙康泰（2020）和王桐远等（2021）通过考虑零售商需求预测精度，研究了零售商预测信息分享对渠道入侵、双渠道管理的影响。不同于他们的研究，本书不考虑零售商预测精度问题，而是假设零售商能够准确预测需求情况。Huang 等（2018）的研究亦设定零售商能够准确预测市场需求，考察了需求共享决策与制造商渠道入侵之间的博弈互动。

传统的观点认为，零售商没有动机主动与制造商分享私有需求信息，因为一旦分享需求信息，制造商就会策略性地调整批发价格，从而降低零售商的利润（聂佳佳，2012；Bian 等，2014；Li 等，2014；Bian 等，2016；Huang 和 Wang，2017；石纯来和聂佳佳，2019；王桐远等，2021）。另有文献给出了不同的观点。例如，Mittendorf 等（2013）研究指出，零售商可能会提前承诺向制造商共享需求信息，其目的是鼓励制造商加大对提升市场需求的投入。Huang 等（2018）研究发现，在一定条件下，阻止制造商入侵能够成为零售商共享信息的动因。许明辉和孙康泰（2020）考虑了零售商需求预测精度的影响，发现若潜在市场需求较低且零售商销售优势较大时，那么零售商会愿意共享信息，其目的是吸引制造商建立直销渠道。本书追随这一研究思路，考察当制造商和零售商有机会入侵对方的业务时零售商是否愿意主动共享需求信息，并研究零售商共享信息对其与制造商的入侵博弈的影响。

2.2.2　企业研发投资

供应链管理领域的学者已经对企业研发投资进行了广泛的研究，涉及零部件供应商（Fernando Bernstein 和 Gürhan Kök，2009；Li，2020）、制造商（Mittendorf 等，2013；Zhang 等，2018；Huang 等，2020）、零售商（陈树桢等，2011；吕芹和霍佳震，2011；Pnevmatikos 等，2018）等企业，以及降低成本（Dahan 和 Srinivasan，2011；Ha 等，2017）、提升市场需求（Arya 和 Mittendorf，2013）、改进产品质量（牛文举等，2017；Lee 等，2020）、提升零售服务水平（Zhang 等，2019）等多种投资目的。例如，Lee 等（2020）研究了技术密集型行业供应商和制造商的质量改进投资。Ha 等（2017）、王文隆等（2020）考察了存在信息不对称时的企业生产改进投资。Pnevmatikos 等（2018）研究了零售商提升市场需求的广告投资策略，发现零售商广告投资能够促进渠道协调。此外，侯光明和艾凤义（2006）、Kim 和 Netessine（2013）、Wu 等（2020）还考察了企业间的合作研发投资。在以上研究的基础上，本书考察企业投资对制造商渠道入侵和零售商品牌入侵策略选择的影响。

已有文献对投资与入侵之间的互动进行了探索。例如，Cui（2019）研究了原始设备制造商在面临上游合同制造商潜在入侵时的质量改进投资策略，发现质量改进投资对阻止合同制造商入侵起着至关重要的作用。Yoon（2016）考察了当制造商进行成本降低投资时其引入直销渠道的影响，发现投资成果能够通过批发价格溢出到下游，从而使零售商从制造商自利的直销行为中获利。在 Yoon（2016）的基础上，Sun 等（2019）考察了信息不对称下存在投资溢出效应时制造商入侵的影响。Arya 和 Mittendorf（2013）刻画了企业间的交叉投资效应。此后，Mittendorf 等（2013）考察了零售商信息共享与制造商扩大市场需求投资和渠道入侵之间的相互作用，并提出在投资足够有效的前提下，零售商愿意共享信息以激励制造商入侵。这一结论得到了 Zhang 等（2018）、Huang 等（2020）的支持。此外，Zhang 等（2019）研究了制造商入侵与零售商服务投资之间的互动，提出制造商入侵会降低零商售服务水平，但零售商可以利用服务投资来应对入侵。以上的研究虽然考察了制造商渠道入侵与投资之间的互动，但忽略了零售商也有机会引入自有品牌入侵制造商的业务。本书的第 5 章在现有相关研究基础上，通过确定制造商在不同入侵结构下降低生产成本的最优投资水平，探索制造商投资行为对双边入侵决策的影响。

2.2.3 开放平台

在制造商与网络零售商组成的供应链中，许多零售商不仅采购制造商产品进行转卖，同时还开放其销售平台，让制造商有机会借助其平台直接售卖产品。一些研究探索了网络零售商愿意向第三方卖家开放零售平台的原因。例如，Mantin 等（2014）的研究表明，允许第三方在其平台上销售给了零售商一个外部选择，这能提高其与制造商在批发价格谈判中的议价地位。Chen 和 Guo（2016）的研究表明，对于一个具有估值和意识优势的零售商来说，低成本的新媒体广告在激励零售商开放平台中起着关键的作用。因为若零售商不开放平台，那么小商家可以利用新媒体做广告，提高自己的地位，与零售商竞争。Jiang 等（2011）认为，通过让小型卖家在其平台上销售，亚马逊可以根据其销售活动了解市场需求。在这些研究的基础上，李佩等（2019）发现，较小的自有品牌和全国性品牌竞争强度、较小的固定销售成本和较低的自有品牌潜在市场需求均能促进零售商选择开放平台。另外，也有学者提出了一些阻碍零售商开放平台的因素。例如，Song 等（2021）考虑到当消费者发现供应商没有在平台上提供全部产品时，消费者会从平台溢出到供应商。他们发现，溢出效应的存在使零售商不太可能开放其平台，但它使第三方更有可能在开放的零售商平台上销售相同的产品。以上研究探索了促进或阻碍零售商开放平台的原因，或零售商的最优平台开放策略。不同于这些研究，本书关注零售商开放平台情况下的制造商和零售商的入侵战略选择。

已有的许多文献将制造商入驻零售商平台销售产品的销售方式称为代理销售模式（Agency Selling Mode），并将其与转售模式（Reselling Mode）作比较，考察相关企业对这两种销售方式的偏好。例如，Kwark 和 Raghunathan（2017）研究了第三方信息如何影响上游竞争，并进一步影响零售商的商业模式选择——批发或代理。Abhishek 等（2016）的研究表明，除了在线零售商之间的竞争外，跨渠道效应也会改变零售商的选择。也有部分文献将入驻零售商平台销售产品的销售方式称为市场模式（Marketplace Mode），并将其与转售模式（Reselling Mode）作比较。例如，Hagiu 和 Wright（2015）研究了营销活动信息如何影响中间商对于市场模式（供应商将产品直接卖给消费者）和转售模式（从供应商那里购买产品并将其卖给消费者）的选择。Tian 等（2018）研究发现，订单交货成本（Order-fulfillment Costs）和供应商之间的竞争强度会影响网络零售商对两种模式的选择。此外，段玉兰等（2021）将通过零售平台直销的方式称为平台渠道，考察了零售商信息共享决策与制造商引入平台渠道决策之间的互动影响，并发现零售商共享信息的目的是增加制造商采取平台渠道的动机。在传统代理模式下，产品的所有权和定价权在制造商一方，但商品的销售由零售商一方负责。然而，在平台模式下，不仅产品的所有权和定价权在制造商一方，产品的销售权也在制造商一方，制造商需要配备销售人员直接面向终端消费者进行沟通和销售。因此，制造商借助零售商平台销售在本质上仍然属于制造商直销（Hagiu 和 Wright，2015），其仍会入侵零售商的销售业务。基于此，本书的最后一部分内容考察在零售商开放平台的情况下，制造商借助零售商平台直销产品的入侵和零售商品牌入侵之间的互动影响，并研究了零售商开放平台对双边入侵的影响。

2.3 研究评述

本节总结和评述相关研究文献，指出研究空白，并明确本书和现有研究的差异。

（1）制造商渠道入侵和零售商品牌入侵。一方面，已有研究考察了制造商入侵对零售商的影响，并从零售商的角度提出可以通过承诺信息共享等方式来应对制造商的渠道入侵（蒋雨珊，2017；Huang 等，2018；杨家权和张旭梅，2020；段玉兰等，2021）。另一方面，已有研究考察了零售商引入自有品牌的影响，并从制造商的角度提出可以通过广告策略（Karray 和 Zaccour，2006；吕芹和霍佳震，2011；任方旭，2015）、批发价格承诺（Groznik 和 He-ese，2010）、成本信息共享（吕芹和霍佳震，2014；Cao 等，2021）和产品研发合作（Hara 和 Matsubayashi，2017）等方式来应对零售商品牌引入的问题。虽然少数几篇文献对双边入侵进行了探索，但双边入侵的影响、双边入侵的改进措施以及不同企业行为对制造商与零售商入侵决策的影响并未受到研究。

（2）需求信息共享和企业入侵。已有研究虽然考察了制造商渠道入侵和零售商需求信息共享的互动，但没有考虑到零售商可能引入自有品牌的情况。在存在自有品牌时，制造商的渠道入侵不仅会侵占零售商的转售业务，还可能会增强对零售商自有品牌的威胁。因此，本书在已有研究的基础上进一步研究在存在自有品牌时零售商的信息共享问题，识别零售商信息共享决策与其自有品牌之间的联系。虽然刘竞和傅科（2019）也考察了零售商引入自有品牌和需求信息共享的问题。但是，他们没有考虑制造商渠道入侵的情况。刘竞和傅科（2019）假设零售商在了解到真实的需求情况后进行分享信息的决策，从而研究零售商的事后信息分享问题。而本书基于对现实情况的观察，假设零售商在确定市场需求情况前先承诺是否会分享信息，从而研究零售商的事前信息分享策略及其对双边入侵决策的影响。本书考察了零售商自有品牌产品的质量对零售商的信息共享策略的影响，这一点在刘竞和傅科（2019）的研究中没有得到体现。同时，本书考虑制造商渠道入侵和零售商品牌入侵，发现即便零售商引入了自有品牌，其仍有动机与制造商共享需求信息，且零售商的信息共享依赖于消费者对零售商自有产品的偏好。

（3）研发投资和企业入侵。虽然已有研究分析了制造商成本降低投资下的渠道入侵问题。但是，一方面，由于投资和渠道入侵均由制造商实施，因此，不存在企业之间的战略互动，即已有研究没有分析一方企业投资对另一方企业入侵策略的影响。另一方面，已有的研究并没有考虑到上游和下游均有机会入侵的情况，因此，缺乏考虑企业投资下的双边入侵博弈相关研究。基于此，本书的第5章在现有相关研究基础上，通过分析无投资和存在制造商成本降低投资下的双边入侵博弈，考察制造商投资对其和零售商入侵战略选择的影响。此外，过去关于渠道入侵和制造商投资的研究认为，制造商应在入侵时提高投资水平。追随这一思路，本书考察了制造商在面临双边入侵时确定投资水平的问题。

（4）基于零售商平台的直销渠道入侵和开放平台。在由制造商和网络零售商组成的供应链中，制造商一方面可以自建网站直接面向消费者销售，另一方面也可以通过在网络零售商的销售平台开设直营店的方式面向消费者销售。已有的许多文献将制造商借助零售商平台直销产品称为代理销售，然后将其与转售作比较，考察供应链成员对不同销售方式的偏好。然而，制造商借助零售商平台销售在本质上仍然属于制造商直销（Hagiu 和 Wright，2015）。虽然零售商能够获得使用平台的佣金，但在零售商也进行转售的平台中（如京东），制造商的这一直销方式仍然会侵占零售商的市场。实践中，许多制造商都面临着在自建直销网站和在零售商平台开设直营店之间进行选择的难题。但却未有文献对这两种不同的直销方式进行对比分析。基于此，本书的第 6 章将考察制造商的直销入侵和零售商品牌入侵之间的博弈互动，分析制造商对不同直销方式的偏好和开放平台对双边入侵决策的影响。

第3章 制造商和零售商的入侵策略及其影响研究

在供应链管理领域，企业入侵的影响是学者和企业管理者重点关心的问题。制造商单边渠道入侵的影响已经得到了相关学者的广泛研究。一方面，本章在不考虑成员其他策略行为的情况下研究制造商渠道入侵和零售商品牌入侵的双边入侵博弈互动，为本书后续研究作铺垫；另一方面，本章追随已有的研究思路，考察双边入侵的联合影响。

考虑供应链中存在一个制造商可以通过直接向消费者销售全国性品牌产品来入侵零售商的销售业务，同时存在一个零售商可以通过开发和销售自有品牌产品来侵占制造商的产品市场。通过捕获制造商的产品优势和零售商的销售优势，研究制造商和零售商双边入侵的联合影响和改进办法。研究结果表明，入侵策略极大地依赖于成本结构。并且，制造商和零售商之间的双边入侵可能使双方陷入"囚徒困境"，即帕累托最优解不是入侵，但入侵是两企业的最优策略。但是，如果允许一个企业先做出入侵或者销量决策，则可以避免陷入"囚徒困境"。

3.1   引 言

受信息技术和电子商务等发展的驱动，供应链的商业模式正在转变。一方面，伴随全球电子商务风潮的掀起，各行业的制造商开始建立网络直销渠道，入侵零售商的销售业务（Niu 等，2016）。另一方面，许多的零售商也推出了自有品牌产品，入侵制造商的产品业务。供应链中出现了上下游之间的双边入侵。例如，苹果公司不仅通过沃达丰（Vodafone）和中国移动等通信运营商出售手机，同时也在自己开设的直营店销售手机；与此同时，沃达丰和中国移动等也开发并向消费者销售它们自有品牌的手机。从这个例子中可以确定双边入侵的一些特征，即制造商有产品优势，而零售商有渠道优势。更具体地说，在消费者心目中，苹果手机比电信运营商的自有品牌手机更有价值。但是，电信运营商可以通过现有的分销渠道以较低的销售成本销售苹果手机和自有品牌手机。在此背景下，本书将回答以下问题：①制造商和零售商在什么情况下会选择入侵？②双边入侵是否会损害企业的利润？③在双边入侵情形下，如何改进博弈，提高双方的利润？

本章涉及制造商渠道入侵和零售商品牌入侵两方面的研究文献。一方面，制造商入侵能够缓解供应链中的双重边缘化问题并提高供应链效率，进而使其与零售商实现共赢。这一观点得到了 Xiong 等（2012）、Li 等（2015）、Niu 等（2017）、周宝刚（2019）以及 Guan 等（2019）的支持。然而，Li 等（2014）的研究发现，在信息不对称的情况下，制造商入侵会因为代价高昂的信号行为而放大双重边际效用，进而损害双方企业。另一方面，Pauwels 和 Srinivasan

(2004)、Nasser 等（2013）、曹宗宏等（2014）、Chen 等（2016）以及 Jin 等（2017）认为，零售商的品牌入侵能使制造商下调批发价格，进而间接提升零售商的收益。但范小军和陈宏民（2011）、李凯等（2017）、Alan 等（2019）、Huang 和 Feng（2020）的研究提出，零售商品牌入侵会直接伤害其上游产品制造商的利益。基于现有研究文献，本章同时考虑制造商渠道入侵和零售商品牌入侵，研究制造商和零售商的双边入侵博弈互动，从而考察两种入侵的联合影响，并从供应链的角度识别潜在的入侵困境，从而探讨改进措施。

3.2　问题描述与模型建立

在由制造商和零售商两个参与者构成的垂直供应链中，零售商订购制造商产品，然后转售给市场上的消费者。两个参与者均有机会入侵对方的业务：制造商可设立自己的线上直销渠道来涉足销售业务，零售商亦可发展自有品牌来涉足产品业务。图 3-1 展示了双边入侵下供应链的渠道结构。

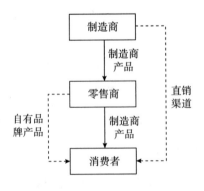

图 3-1　双边入侵下的渠道结构

聚焦制造商和零售商的本质区别，处于供应链的不同环节的制造商和零售商具有不同的核心竞争力，即制造商更擅长生产，而零售商更擅长销售。为了刻画零售商的销售优势，不失一般性地假设零售商和制造商的单位销售成本分为 0 和 c（$0<c<1$）（Arya 等，2007；Li 等，2014；Ha 等，2016）。同时，为了反映制造商在生产方面比零售商更专业，假设在相同的生产成本下，制造商产品比自有品牌产品的质量好。为了分析的简便性，参考 Zhang 等（2021）、Cheng 等（2021）的研究，进一步假设两企业的单位生产成本相同并归一化为零。在 3.5 节，采用数值分析的方式研究制造商和零售商的生产成本不等于 0 的情况。

参考 Chen 等（2011）、Ru 等（2015）、Cui 等（2016）的研究，假设市场上存在规模为 1 的消费者，他们对制造商产品和零售商自有品牌产品的估值分别为 v 和 δv。v 服从 $[0,1]$ 的均匀分布，即 $v \sim U[0,1]$；$\delta \in (0,1)$ 衡量消费者在多大程度上认为自有品牌产品是制造商产品的可替代品，同时反映了制造商比零售商更擅长生产且消费者认为制造商产品比零售商自有品牌产品质量更好这一现象。本章所用符号如表 3-1 所示。

表 3-1　本章所用符号约定

	符号	解释
参数	v	消费者对制造商产品的估值
	$\delta \in (0,1)$	零售商自有品牌产品的估值折扣系数
	$c \in (0,1)$	制造商单位直销成本
	j	制造商和零售商的入侵情形，$j=EE, EN, NE, NN$
决策变量	$q_{nm}^{j}(q_{nr}^{j})$	情形 j 下的制造商直销（零售）渠道产品销量
	q_{s}^{j}	情形 j 下的零售商自有品牌产品销量
	w^{j}	情形 j 下制造商产品的批发价格
收益	$\prod_{i}^{j}(i=M, R)$	企业 i 在入侵情形 j 下的事后收益

由于本章的研究侧重于产品间的竞争，而不是渠道间的竞争，因此，为了便于分析，假设制造商产品在不同渠道的零售价格相同。虽然在实践中不同渠道的价格可能有所不同，但越来越多制造商开始采用价格匹配政策（Price Match）来维护品牌形象，缓解渠道冲突。本章的模型更适用于价格匹配情况。在观察到两种产品的零售价格后，每个消费者将从以下三个选项中选择一项以实现净效用的最大化：①以价格 p_n 购买制造商产品，获得净效用 $v-p_n$；②以价格 p_s 购买自有品牌产品，获得净效用 $\delta v-p_s$；③不参与购买活动，获得净效用 0。假定购买制造商产品和零售商自有品牌产品获得的净效用无差异的消费者位于 v_n，购买零售商自有品牌产品和不参与购买活动获得的净效用无差异的消费者位于 v_s，那么必然存在 $v_n-p_n=\delta v_n-p_s$ 且 $\delta v_s-p_s=0$。由此可以通过推导得到两个无差异点的消费者位置分别为 $v_n=\dfrac{(p_n-p_s)}{(1-\delta)}$ 和 $v_s=\dfrac{p_s}{\delta}$。基于此，进一步推导可以得到两种产品的市场需求分别为 $D_n=1-v_n$ 和 $D_s=v_n-v_s$。采用 q_n 和 q_s 分别代表制造商产品和零售商自有品牌产品的产量（产品销量），参考石纯来等（2016）、高鹏等（2014）的分析，产品市场出清价格的确定需要使其满足 $D_n=1-\dfrac{(p_n-p_s)}{(1-\delta)}=q_n$ 和 $D_s=\dfrac{(p_n-p_s)}{(1-\delta)}-\dfrac{p_s}{\delta}=q_s$ 两个等式。由此推导出线性逆需求函数如下：

$$p_n=1-q_n-\delta q_s \tag{3.1}$$

$$p_s=\delta(1-q_n-q_s) \tag{3.2}$$

其中，$q_n=q_{nm}+q_{nr}$，$q_{nm}(q_{nr})$ 表示制造商直销（零售）渠道的产品销量。

参考 Su 和 Zhang（2008）、Wu 等（2013）、Arya 和 Mittendorf（2015）的研究，假设所有参与人均以自身利益最大化为目标。此外，由于入侵所产生的固定成本的影响是直接的，即除非入侵增加的利润足以覆盖固定成本，否则企业不会入侵，所以出于模型简洁性考虑，假设入侵的固定成本为 0。采用 w 表示制造商产品的批发价格，构建制造商和零售商的利润函数如下：

$$\prod{}_M = wq_{nr} + (p_n - c)q_{nm} \tag{3.3}$$

$$\prod{}_R = (p_n - w)q_{nr} + p_s q_s \tag{3.4}$$

以上 $\prod_M$ 和 $\prod_R$ 均包含两个部分：第一部分是制造商或零售商从现有供应链中获得的利润，第二部分是从入侵中获得的利润。

本章研究的是一个由两个参与者参与的三阶段入侵博弈，博弈的决策顺序如下：第 0 阶段，制造商和零售商同时选择是否入侵，如果制造商（零售商）没有入侵，那么 $q_{nm} = 0 (q_s = 0)$；第 1 阶段，制造商进行批发价格决策；第 2 阶段，制造商和零售商同时进行产品销量决策。最终需求得以实现，市场上所有产品以出清价格销售给终端消费者。

3.3 均衡分析

本节分析双边入侵博弈均衡。根据两企业的选择，存在 *NN*、*NE*、*EN* 和 *EE* 四种可能的入侵情形。其中，第一个（第二个）字母表示制造商（零售商）的选择，*E* 表示入侵，*N* 表示不入侵。给定两企业的入侵选择，逐一推导出每种入侵情形下的子博弈均衡。

3.3.1 *EE* 情形子博弈均衡

在 *EE* 情形下，制造商采取了渠道入侵，开展了直销业务，即 $q_{nm} \geq 0$；零售商实施了品牌入侵，推出了自有品牌产品，即 $q_s \geq 0$。运用逆向归纳法分析该子博弈中两个参与者之间的互动，对于给定的批发价格 w^{EE}，制造商确定直

销渠道销量 $q_{nm}^{EE}(w^{EE})$，同时零售商确定制造商产品订购量 $q_{nr}^{EE}(w^{EE})$ 和自有品牌产品销量 $q_s^{EE}(w^{EE})$，得到如下的结果：

（1）如果 $2c-1 \leq w^{EE} \leq \dfrac{2(1+c)(1-\delta)}{4-\delta}$，则 $q_{nr}^{EE}(w^{EE}) = \dfrac{2(1+c)(1-\delta)-w^{EE}(4-\delta)}{6(1-\delta)}$，

$q_s^{EE}(w^{EE}) = \dfrac{w^{EE}}{2(1-\delta)}$ 且 $q_{nm}^{EE}(w^{EE}) = \dfrac{1+w^{EE}-2c}{3}$。

（2）如果 $w^{EE} \leq \min\{2c-1, \ 1-\delta\}$，则 $q_{nr}^{EE}(w^{EE}) = \dfrac{1-w^{EE}-\delta}{2(1-\delta)}$，$q_s^{EE}(w^{EE}) = $

$\dfrac{w^{EE}}{2(1-\delta)}$ 且 $q_{nm}^{EE}(w^{EE}) = 0$。

（3）如果 $w^{EE} > \dfrac{2(1+c)(1-\delta)}{4-\delta}$ 且 $c \leq 1-\dfrac{\delta}{2}$，则 $q_{nr}^{EE}(w^{EE}) = 0$，$q_s^{EE}(w^{EE}) = \dfrac{1+c}{4-\delta}$

且 $q_{nm}^{EE}(w^{EE}) = \dfrac{2(1-c)-\delta}{4-\delta}$。

（4）如果 $w^{EE} > 1-\delta$ 且 $c > 1-\dfrac{\delta}{2}$，则 $q_{nr}^{EE}(w^{EE}) = 0$，$q_s^{EE}(w^{EE}) = \dfrac{1}{2}$ 且

$q_{nm}^{EE}(w^{EE}) = 0$。

依据 $q_{nr}^{EE}(w^{EE})$、$q_s^{EE}(w^{EE})$ 和 $q_{nm}^{EE}(w^{EE})$，确定制造商的最优批发价格 w^{EE}，得到：

$$w^{EE} = \begin{cases} \dfrac{(5-c)(1-\delta)}{10-\delta}, & 0 \leq c \leq \dfrac{5-2\delta}{7-\delta} \\[3mm] 2c-1, & \dfrac{5-2\delta}{7-\delta} < c < \dfrac{3-\delta}{4} \\[3mm] \dfrac{1-\delta}{2}, & \dfrac{3-\delta}{4} \leq c \leq 1 \end{cases} \tag{3.5}$$

引理3-1描述了两企业在 EE 情形下的子博弈均衡决策。

引理3-1 给定制造商和零售商均采取入侵（EE），子博弈均衡下，两企

业的决策如下：①如果 $c \leqslant \dfrac{5-2\delta}{7-\delta}$，则 $w^{EE} = \dfrac{(5-c)(1-\delta)}{10-\delta}$，$q_{nr}^{EE} = \dfrac{8c+\delta(1-c)}{2(10-\delta)}$，

$q_s^{EE} = \dfrac{5-c}{2(10-\delta)}$，$q_{nm}^{EE} = \dfrac{5-7c-\delta(2-c)}{10-\delta}$。②如果 $\dfrac{5-2\delta}{7-\delta} < c < \dfrac{3-\delta}{4}$，则 $w^{EE} = 2c-1$，$q_{nr}^{EE} =$

$\dfrac{2(1-c)-\delta}{2(1-\delta)}$，$q_s^{EE} = \dfrac{2c-1}{2(1-\delta)}$，$q_{nm}^{EE} = 0$。③否则，$w^{EE} = \dfrac{1}{2}(1-\delta)$，$q_{nr}^{EE} = \dfrac{1}{4}$，$q_s^{EE} = \dfrac{1}{4}$，

$q_{nm}^{EE} = 0$。

在 EE 情形下，两个参与企业均有机会入侵对方的业务。然而，它们并不一定要利用这个机会。这一结论背后的商业直觉解释如下：即使不考虑入侵的固定成本，每个参与者也必须比较制造商产品或零售商自有品牌产品的市场出清价格与运营成本。符合直觉的是，除非可变销售成本足够低，否则制造商不会通过直销渠道销售产品。正如引理 3-1 的②和③所示，$q_{nm}^{EE} = 0$。

引理 3-1 表明，零售商总是会选择入侵。但这一结果是由零售商自有品牌产品的生产成本归一化为 0 所导致的。直觉上，如果放松这一假设，市场的出清价格可能低于产品的生产成本。如此，零售商将不会入侵，即 $q_s^{EE} = 0$。这一猜测将在 3.5 节得到分析。

在有机会入侵的情况下，制造商面临着直接卖给消费者和批发销售给零售商二者的权衡问题。如果销售成本较低，制造商最好不放弃直销，即 $q_{nm}^{EE} > 0$。此时，随着销售成本的降低，制造商将更倾向于提高批发价格，减少零售渠道的销量，并增加直销渠道的销量。因此，c 越小，$w^{EE} = \dfrac{(5-c)(1-\delta)}{(10-\delta)}$ 越大。相反，如果销售成本较高，制造商最优的选择是不进行直销，那么最优的批发价格则不依赖于销售成本的高低。

接下来探索在直销成本适中时两企业间的博弈互动。对制造商来说，直销虽然并不是有利可图的，但直销渠道的存在能够对零售商构成威胁。为了缩减制造商直销渠道的潜在市场规模，零售商会销售更多自有品牌产品，这加剧了

渠道冲突。因此，制造商在第 1 阶段应战略性地制定批发价格，以消除直销渠道对零售商的威胁，即最优批发价格变为 $w^{EE} = 2c - 1$，并使 $q_{nm}^{EE} = 0$。可以发现，在此情形下，批发价格随着销售成本的降低而降低。其背后的原因是：随着销售成本的降低，制造商更有可能进行直销，那么必须划定更低的批发价格以消除直销对零售商的威胁，防止渠道冲突加剧。

引理 3-1 还表明，即使有机会进入市场，制造商也不应该放弃零售渠道。解释如下：一方面，由更擅长销售的零售商销售产品，销售成本更低；另一方面，零售渠道的存在使零售商可以从批发制造商产品并进行转售的过程中获得收益，故能缓和两款产品间的竞争。

根据引理 3-1 中的制造商和零售商最优决策，便可得到两企业在 EE 情形下的最优利润：

$$\prod_{M}^{EE} = \begin{cases} \dfrac{(9 - \delta)c^2 - 2(5 - \delta)c + 5 - 3\delta}{2(10 - \delta)}, & 0 \leqslant c \leqslant \dfrac{5 - 2\delta}{7 - \delta} \\[3mm] \dfrac{(2c - 1)(2(1 - c) - \delta)}{2(1 - \delta)}, & \dfrac{5 - 2\delta}{7 - \delta} < c < \dfrac{3 - \delta}{4} \\[3mm] \dfrac{1 - \delta}{8}, & \dfrac{3 - \delta}{4} \leqslant c \leqslant 1 \end{cases} \quad (3.6)$$

$$\prod_{R}^{EE} = \begin{cases} \dfrac{(64 - 31\delta + 3\delta^2)c^2 + 2\delta c(43 - 7\delta) + \delta(25 + 11\delta)}{4(\delta - 10)^2}, & 0 \leqslant c \leqslant \dfrac{5 - 2\delta}{7 - \delta} \\[3mm] \dfrac{4(1 - c)^2 - \delta(3 - 4c)}{4(1 - \delta)}, & \dfrac{5 - 2\delta}{7 - \delta} < c < \dfrac{3 - \delta}{4} \\[3mm] \dfrac{1 + 3\delta}{16}, & \dfrac{3 - \delta}{4} \leqslant c \leqslant 1 \end{cases}$$

$$(3.7)$$

3.3.2 NN、NE 和 EN 情形子博弈均衡

将 NN、NE 和 EN 看作 EE 情形的简化，按照同样的分析过程，便可得到

此三种情形下的最优批发价格和销量决策，如下所示：

（1）NN 情形下：$w^{NN}=\dfrac{1}{2}$，$q_{nm}^{NN}=0$，$q_{nr}^{NN}=\dfrac{1}{4}$，$q_{s}^{NN}=0$。

（2）NE 情形下：$w^{NE}=\dfrac{1-\delta}{2}$，$q_{nm}^{NE}=0$，$q_{nr}^{NE}=\dfrac{1}{4}$，$q_{s}^{NE}=\dfrac{1}{4}$。

（3）EN 情形下：$q_{s}^{EN}=0$ 且

$$w^{EN}=\begin{cases}\dfrac{5-c}{10}, & 0\leqslant c\leqslant\dfrac{5}{7}\\[2mm] 2c-1, & \dfrac{5}{7}<c<\dfrac{3}{4}\\[2mm] \dfrac{1}{2}, & \dfrac{3}{4}\leqslant c\leqslant 1\end{cases},\quad q_{nm}^{EN}=\begin{cases}\dfrac{5-7c}{10}, & 0\leqslant c\leqslant\dfrac{5}{7}\\[2mm] 0, & \dfrac{5}{7}<c<\dfrac{3}{4}\\[2mm] 0, & \dfrac{3}{4}\leqslant c\leqslant 1\end{cases},\quad q_{nr}^{EN}=\begin{cases}\dfrac{2c}{5}, & 0\leqslant c\leqslant\dfrac{5}{7}\\[2mm] 1-c, & \dfrac{5}{7}<c<\dfrac{3}{4}\\[2mm] \dfrac{1}{4}, & \dfrac{3}{4}\leqslant c\leqslant 1\end{cases}$$

进一步根据 NN、NE 和 EN 三种情形下的最优决策，逐一得出每种情形下的制造商和零售商的最优利润，如下所示：

（1）NN 情形下：$\displaystyle\prod_{M}^{NN}=\dfrac{1}{8}$，$\displaystyle\prod_{R}^{NN}=\dfrac{1}{16}$；

（2）EN 情形下：$\displaystyle\prod_{M}^{NE}=\dfrac{1-\delta}{8}$，$\displaystyle\prod_{R}^{NE}=\dfrac{1+3\delta}{16}$；

（3）EN 情形下：

$$\prod_{M}^{EN}=\begin{cases}\dfrac{9c^{2}-10c+5}{20}, & 0\leqslant c\leqslant\dfrac{5}{7}\\[3mm] (2c-1)(1-c), & \dfrac{5}{7}<c<\dfrac{3}{4}\\[3mm] \dfrac{1}{8}, & \dfrac{3}{4}\leqslant c\leqslant 1\end{cases},\quad \prod_{R}^{EN}=\begin{cases}\dfrac{4c^{2}}{25}, & 0\leqslant c\leqslant\dfrac{5}{7}\\[3mm] (1-c)^{2}, & \dfrac{5}{7}<c<\dfrac{3}{4}\\[3mm] \dfrac{1}{16}, & \dfrac{3}{4}\leqslant c\leqslant 1\end{cases}$$

3.3.3 制造商与零售商的入侵博弈均衡

通过 3.3.1 节和 3.3.2 节的分析，已经得到了每种入侵结构子博弈下制造商和零售商的均衡批发定价、销售量和利润。接下来，分析制造商和零售商的入侵选择。两企业以实现自身收益最大化为目的，选择是否要采取入侵。

研究发现，每个企业的入侵策略在很大程度上取决于其成本结构。具体地说，在所涉及的成本较低时，更容易出现入侵。为了进一步探索成本结构对本章结论的影响，3.5 节放宽了主要模型中关于生产成本等于 0 的假设，并对本章的主要结论进行重新分析。接下来的引理呈现了零售商的占优策略。

引理 3-2 无论制造商采取何种入侵策略，零售商都应采取入侵（如果零售商自有品牌产品的单位生产成本较低）。

遵循引理 3-1 背后的商业直觉，引理 3-2 也是由零售商生产成本为 0 的假设所驱动的。在此假设下，即便市场对零售商自有品牌产品的估值较低，但产品的市场出清价格总是不低于 0，故无论制造商的选择如何，采取品牌入侵总是不会损害零售商的收益，零售商总是应该采取入侵。放宽这一假设后的影响是直观的，即除非生产成本较低，否则零售商不应该入侵。

Arya 等（2007）指出，在没有零售商入侵的情况下，制造商应该在直销成本较低时入侵。本章证实，在零售商总是选择入侵时，传统的观点依然成立，如命题 3-1 所示。

命题 3-1 存在阈值 $t_1 = \dfrac{10 - 2\delta - (1-\delta)\sqrt{10-\delta}}{2(9-\delta)}$，使当 $c \leq t_1$ 时，制造商与零售商双边入侵博弈的纯策略纳什均衡为 (E, E)；否则，纳什均衡为 (N, E)。

命题 3-1 表明，给定零售商入侵，制造商的入侵策略取决于直销成本的高低，即除非成本足够低，否则放弃入侵。值得注意的是，$\dfrac{\partial t_1}{\partial \delta} > 0$。这表明，随着消费者对零售商自有品牌估值 δ 的提高，更可能满足条件 $c \leq t_1$，那么制造商更倾向于入侵。这是因为，如果 δ 更大，那么零售商趋向于销售更多自有品牌产品，从而减少对制造商产品的订购。因此，δ 越大，制造商越需要建立自己的渠道来分销产品。

回顾引理 3-1 的内容，当 $c \leqslant \dfrac{(5-2\delta)}{(7-\delta)}$ 时，$q_{nm}^{EE} > 0$；而对于 $\delta \in [0, 1]$，$t_1 < \dfrac{(5-2\delta)}{(7-\delta)}$ 总是成立的。换句话说，命题 3-1 表明，在均衡状态下，一旦制造商入侵，直销渠道就会产生销量。在没有零售商入侵的情况下，Chiang 等（2003）展示了一个有趣的发现，称之为"直接销售，间接利润"（direct marketing，indirect profits），在战略上，直销渠道可以作为一种威胁，诱使零售商销售更多的制造商的产品，即使直销渠道没有产生实际销售，也能间接地提升制造商的收益。然而，当存在零售商品牌入侵时，零售商可以销售更多自己的产品，来应对制造商的渠道入侵。也就是说，从制造商的角度来看，零售商的品牌入侵消除了直销渠道战略性的渠道控制作用。如此一来，引入一个低效的直销渠道反而可能对制造商不利。

3.3.4　双边入侵的影响

Arya 等（2007）的研究发现，如果制造商有机会入侵，而零售商没有，那么入侵总是有利于制造商；但当且仅当制造商的直销成本适中时，入侵有利于零售商。在本节中，我们通过比较命题 3-1 所示的均衡状态下两企业的利润与无入侵情形 NN 下的利润来考察双边入侵带来的影响。比较结果如命题 3-2 所示。

命题 3-2　相较于无入侵情形，双边入侵对两企业的影响如下：存在阈值

$$t_2 = \frac{10-2\delta-\sqrt{(10-\delta)(1+7\delta)}}{2(9-\delta)} \text{ 和 } t_3 = \frac{(10-\delta)\sqrt{(64-95\delta+67\delta^2)} - 2\delta(43-7\delta)}{2(64-31\delta+3\delta^2)}, \text{ 使：}$$

（1）当 $c < \min\{t_2, t_3\}$ 时，双边入侵对制造商有利，而对零售商不利。

（2）当 $t_2 \leqslant c < \min\{t_1, t_3\}$ 时，双边入侵对制造商和零售商均不利。

（3）当 $c \geqslant \min\{t_1, \max\{t_2, t_3\}\}$ 时，双边入侵对制造商不利，对零售商有利。

（4）当 $t_3 \leqslant c < t_2$ 时，双边入侵对制造商和零售商均有利。

命题 3-2 表明，零售商的入侵确实会造成不同的影响。如图 3-2 所示，当直销成本 c 较高时，双边入侵博弈的均衡为 (N, E)，即仅零售商采取入侵，这造成制造商输而零售商赢的 *lose-win* 局面。零售商从入侵中获益的原因有两个：首先，零售商通过细分市场，向买不起制造商产品的消费者出售自有品牌产品，从而增加收入。其次，品牌入侵使制造商降低批发价格，以防止零售商缩减对制造商产品的采购量。

当入侵的纳什均衡为 (E, E) 时，制造商和零售商都选择入侵，此时两企业可能会变得更好，也可能会变得更差。具体地说，如果制造商的销售成本适中，而零售商自有品牌产品的估值较高，那么双边入侵会造成 *lose-win* 的局面。在这种情况下，自有品牌产品具有较大的竞争力，但制造商可以通过直销来减少损失。相反，如果 c 较小且 δ 较小，双边入侵会造成 *win-lose* 局面。其原因是：此时直销渠道的销售劣势较小，且零售商自有品牌产品的竞争优势较小。

如果 c 较小且 δ 适中，那么双边入侵能使两企业实现双赢。此结果背后的原因解释如下：一方面，较低的直销成本对制造商有利。在制造商入侵的情形下，即使零售商没有入侵，零售商也会因为批发价的降低而受益，详情见 Arya 等（2007）的研究。另一方面，虽然零售商采取了入侵，增加了收益，但在消费者对零售商自有品牌产品的估值并不高的情况下，零售商的品牌入侵对制造商的负面影响不显著。

如果 c 适中而 δ 较小，双边入侵会造成 *lose-lose* 局面。也就是说，双边入侵存在"囚徒困境"，制造商和零售商的帕累托最优解是不入侵，但双方入侵是唯一的纳什均衡。在这种情况下，供应链处于低效的运行状态。一方面，制造商通过高成本的直销渠道销售更受消费者青睐的制造商品牌产品；另一方面，零售商在销售过程中是具有成本效益的，但其致力于销售消费者估值较低的零售商自有品牌，最终造成双方利益均受损。

图 3-2 还直观地展示了双边入侵的影响随参数 δ 和 c 的变化。其结果与直觉一致，如果 δ 越大，消费者对零售商自有品牌产品的支付意愿越高，双边入侵越有可能对制造商有害，而对零售商有利。同样地，如果 c 越大，制造商直销成本越高，双边入侵仍然越有可能对制造商有害，而对零售商有利。

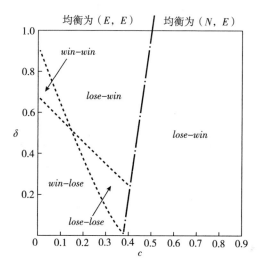

图 3-2 双边入侵对制造商和零售商的影响

3.4 序贯决策对博弈的影响

通过 3.3 节的研究，发现制造商和零售商的双边入侵可能造成双输的局面。显然双方均不愿看到这一局面的出现。而由于此结果是在假设制造商和零售商同时行动的情况下得到的。因此，提出这样一个问题，即制造商和零售商能否通过先后行动来改善双输的状况？为了考察此问题，接下来假设一家企业先采取行动，从而研究双边入侵序贯决策的价值。

3.4.1 销量竞争序贯决策

在第二阶段，假设制造商和零售商中的一方先进行销量决策，决策顺序如图 3-3 所示。根据此决策顺序，得到每种入侵情形下新的子博弈完美均衡。

图 3-3 制造商（零售商）先进行产量决策

首先，在 *EE* 情形下，如果制造商先制定销量，那么在给定的制造商最优决策下，零售商的最优销量如下：

$$q_{nr}^{EE}(q_{nm}, w) = \begin{cases} \dfrac{(1-\delta)(1-q_{nm})-w}{2(1-\delta)}, & q_{nm} \leq \dfrac{1-\delta-w}{1-\delta} \\ 0, & q_{nm} > \dfrac{1-\delta-w}{1-\delta} \end{cases}, \quad q_s^{EE}(q_{nm}, w) = \dfrac{w}{2(1-\delta)}$$

$$(3.8)$$

将 $q_{nr}^{EE}(q_{nm}, w)$ 和 $q_s^{EE}(q_{nm}, w)$ 代入制造商利润函数，解得最优的制造商产品批发价格和直销渠道销量如下：

$$q_{nm}^{EE} = \begin{cases} \dfrac{1-2c}{2}, & c \leq \dfrac{1}{2} \\ \dfrac{2c-1}{2}, & c > \dfrac{1}{2} \end{cases}, \quad w^{EE} = \dfrac{1-\delta}{2}$$

$$(3.9)$$

将最优的制造商产品批发价格和直销渠道销量代入 $q_{nr}^{EE}(q_{nm}, w)$ 和

q_s^{EE}（q_{nm}，w），得到：

$$q_{nr}^{EE} = \begin{cases} \dfrac{c}{2}, & c \leqslant \dfrac{1}{2} \\[3mm] \dfrac{1}{4}, & c > \dfrac{1}{2} \end{cases}, \quad q_s^{EE} = \dfrac{1}{4} \qquad (3.10)$$

将最优的 q_{nr}^{EE}、q_s^{EE}、q_{nm}^{EE} 和 w^{EE} 代入两企业的利润函数，得到：

$$\prod_M^{EE} = \begin{cases} \dfrac{1-\delta+(1-2c)^2}{8}, & c \leqslant \dfrac{1}{2} \\[3mm] \dfrac{1-\delta}{8}, & c > \dfrac{1}{2} \end{cases}, \quad \prod_R^{EE} = \begin{cases} \dfrac{1-\delta+(1-2c)^2}{8}, & c \leqslant \dfrac{1}{2} \\[3mm] \dfrac{(1+4c)\delta+4c^2}{16}, & c > \dfrac{1}{2} \end{cases}$$

$$(3.11)$$

按照与 EE 相同的分析方法，便可得到 NE、EN 和 NN 情形下制造商先采取销量决策的子博弈均衡。然后，根据四个子博弈下的均衡结果，采用划线法可以得出当 $c \leqslant \dfrac{1}{2}$ 时，双边入侵的博弈均衡为（E，E）；当 $c > \dfrac{1}{2}$ 时，博弈均衡为（N，E）（分析过程详见附录 1）。

同样也可得到 EE、NE、EN 和 NN 情形下零售商先采取销量决策的子博弈均衡。然后采用画线法得到在零售商先决策销量下的博弈均衡。当 $c \leqslant t'_4$ 时，博弈均衡为（E，E）；当 $c > t'_4$ 时，博弈均衡为（N，E），其中，$t'_4 = \dfrac{3-2\delta}{5-2\delta}$。

其次，通过比较同时行动和先后行动两种销量决策下两企业的均衡利润，便可得到销量竞争中的序贯决策对双边入侵的影响，结论如命题 3-3 所示。

命题 3-3 在销量竞争中，当 $\max\left\{t_2,\dfrac{\delta}{2}\right\} < c < \min\{t_1，t_3\}$ 时，制造商先行动能够改善同时行动所造成的双输局面；当 $\max\{t_2，t_4\} < c < \min\{t_1，t_3\}$ 时，零售商先行动能够改善同时行动所造成的双输局面。其中，

$$t_4 = \frac{\delta(2\sqrt{60-26\delta+2\delta^2}-4-\delta)}{32-16\delta+\delta^2}。$$

命题3-3表明，当双边入侵造成双输局面时，其中一个企业在数量竞争中的先动行为可以实现帕累托改进，帕累托改进的区域如图3-4所示。这是因为，无论哪家公司先采取行动，序贯决策都可以缓解制造商和零售商之间的竞争。在观察到先行者的销量决策后，后行动的企业将不得不降低销量以避免激烈的竞争。

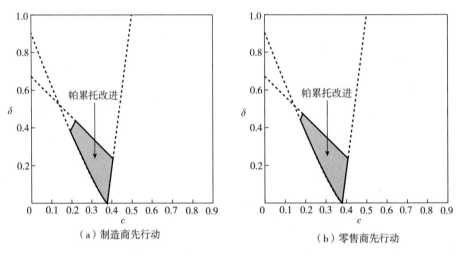

图3-4 销量竞争中的先动效应

但值得注意的是，销量竞争中的先后决策并不能消除双边入侵造成的双输情况。其原因是销量竞争中的先后行动并不能改变入侵均衡。也就是说，即使这两家公司先后进行销量决策，$(E，E)$也会成为均衡。在此情况下，供应链的运行效率仍然较低。

3.4.2 入侵博弈序贯决策

本小节分析入侵决策先后行动的价值。如图3-5所示，在第0阶段，制造商或零售商先制定入侵策略，子博弈均衡保持不变。通过改变入侵决策的先后顺序，便可得出入侵博弈中的序贯决策价值。

图 3-5 制造商（零售商）先制定入侵策略

命题 3-4 当 $t_5 < c \leq \min\{t_1, t_3\}$ 时，零售商先制定入侵策略可以避免同时

行动所造成的双输局面。其中，$t_5 = \dfrac{10-\sqrt{10}}{18}$。

命题 3-4 表明，制造商在入侵决策中先行动不能改变双边入侵所造成的双输局面。如前所述，无论制造商的入侵均衡如何，零售商总是倾向于入侵。因此，预测到零售商的入侵策略后，制造商仅在销售成本足够低的情况下入侵。然而，如果零售商先决定是否入侵，则情况会有所不同，具体如图 3-6 所示。通过对比命题 3-4 和命题 3-2，发现在双边入侵导致制造商和零售商双输的区域内，博弈均衡结果从 (E, E) 转变为 (N, N)。换句话说，允许零售商先做出入侵选择会使双方均受益，因为这能使双方避免陷入"囚徒困境"。

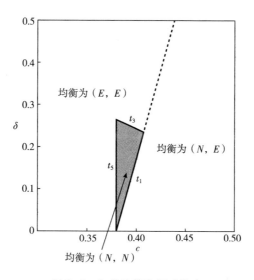

图 3-6 入侵决策先行动效应

在同时行动和制造商先行动下，无论制造商是否入侵，零售商都应该选择入侵。然而，如果零售商先采取行动，则必须考虑制造商的反应，重新考虑最优策略。由前文可知，零售商入侵会使制造商更倾向于采取入侵，换句话说，如果零售商承诺不入侵，那么制造商入侵的可能性更低。具体而言，在双边入侵会导致双输的区间内，即 $t_2 \leqslant c < \min\{t_1, t_3\}$，如果制造商直销成本较高，即 $c > t_5$，除非零售商入侵，否则制造商不会入侵，那么此时零售商应放弃自有品牌。但是，若在 $t_2 \leqslant c < \min\{t_1, t_3\}$ 的区间内且直销成本较低，即 $c \leqslant t_5$，那么制造商的入侵决策与零售商的决策无关。因此，在这种情况下，先后行动无法阻止双边入侵博弈陷入"囚徒困境"。

以上的分析揭示了一个关于直销成本的有趣效应。考虑零售商具有先行动的动机，那么增加直销成本对制造商来说可能反而是有利的。这是因为，c 的增大可以避免陷入双边入侵的"囚徒困境"。

3.5　数值分析

在本节中，将采用数值分析来考察生产成本大于 0 时的双边入侵博弈。假设制造商和零售商的单位生产成本分别为 d 和 e。

根据广泛的数值研究，发现在生产成本大于 0 时所得到的关于双边入侵的影响的结论与假设生产成本等于 0 时的结论在定性上是相同的。出于简洁性考虑，接下来展示几个有代表性的案例。图 3-7 显示了博弈均衡。其中，新出现的均衡"仅 R 自有品牌"表示制造商被逐出市场的垄断情形，此时只有零售商自有品牌产品存在于市场中；新出现的均衡"(E, N)"表示零售商的自有品牌产品被挤出了市场，市场上仅剩下了制造商产品。

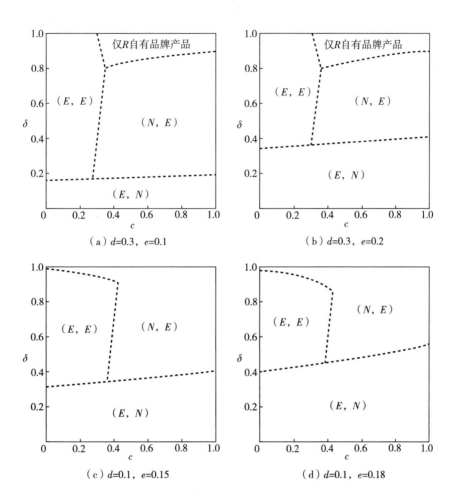

图 3-7 考虑生产成本时双边入侵博弈均衡

显然，只有当直销成本足够低时，才会出现双边入侵的情况。虽然 e 越大，(E, N) 成为均衡的参数范围越大，但这是无趣的。而有趣是考察双边入侵带来的影响，如图 3-8 所示，图中表明，在考虑生产成本的情况下，对制造商和零售商来说，双方的入侵可能是有利的，也可能是有害的，这取决于参数设置。因此，主模型中的结论依然成立。

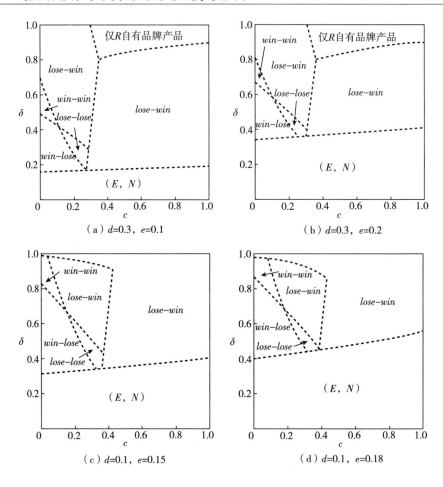

图 3-8　考虑生产成本时双边入侵的影响

3.6　本章小结

管理者和研究者通常认为，入侵零售业务是上游制造商提高利润的机会。然而，如果供应链中的上下游企业均有机会入侵对方的业务，情况如何呢？双边入侵在实践中并不罕见，但现有的研究文献并没有回答这个问题。本章研究了制造商和零售商的双边入侵博弈，确定了零售商和制造商各自入侵的条件，并考察了双边入侵的联合影响。与直觉一致的是，入侵策略极大地依赖于成本结构，即制造商直销成本足够低时才选择入侵。然而，研究表明，如果消费者对零售商自有品牌产品的估值较低，且制造商的销售成本适中，那么双边入侵对双方都是有害的，在这种双输的情况下，尽管帕累托最优解是不入侵，但是双方均入侵是制造商和零售商入侵博弈唯一的纳什均衡。

两企业必然均不愿看到这一局面的出现。研究发现，相比同时行动，序贯决策能够提升两企业的利润。具体而言，如果制造商直销成本足够高，则如命题 3-3 和命题 3-4 所表达的，通过允许一家公司先采取行动，例如，先后制定销量决策，两家公司的收益都可以提高。

首先，双边入侵的机会对供应链可能是有利的。因为当零售商自有品牌产品的质量适中时，双边入侵能够使两企业实现双赢。但是，处于同一供应链的制造商和零售商在采取入侵之前有必要沟通和协调它们的产品定位。具体而言，制造商品牌产品应定位于高端位置，零售商自有品牌产品应定位于相对低端的位置。差异化战略可以缓和制造商和零售商之间的竞争，使两家公司都更好。其次，双边入侵也可能是不好的。因为当直销成本适中时，双边入侵会导致制造商和零售商陷入双输的局面。此时，制造商应该和零售商提前沟通和协调双方的决策顺序，并应在双边入侵发生前等待并观察零售商的选择。如命题 3-4 所示，零售商先制定入侵策略可能会避免双输局面的产生。否则，制造商应试图说服零售商，如果零售商不涉足产品的制造，它也将不会涉足产品的直接销售。如命题 3-3 所示，在双边入侵发生后，如果制造商和零售商中有一方先做出销量决策，则对双方均有利。然而，在生产阶段，每个企业都更愿意成为领导者而不是追随者。因此，两家公司都必须谨慎地以适当的顺序协调它们的决策。虽然后行动的一方处于更为不利局面，但其收益仍然比在同时决策下高。

第4章 零售商需求信息
共享对双边入侵的影响

企业的入侵决策依赖于市场需求的大小，靠近市场的零售商能够预测未来的市场需求，但远离市场的制造商往往很难预测市场需求。当市场对产品的需求不确定时，零售商是否与制造商共享信息成为双方入侵决策的关键因素。基于此，在第3章的基础上，本章研究考察零售商的信息共享策略以及信息共享对双边入侵决策的影响。研究发现，当直销成本适中且消费者对自有品牌估值较低时，零售商愿意共享信息。共享信息能使双边入侵的博弈均衡从双方均入侵转为仅零售商入侵。

4.1 引言

由于竞争和社会经济环境的持续变化，产品的市场需求具有不确定性的特点（Ha 等，2017）。在实践中，制造商往往因为远离消费者市场，对市场需求的了解较少（Huang 等，2018；Li 等，2020）。相比之下，零售商因为可以通过收集交易数据（如消费者个人偏好和购买历史数据）来预测未来的需求，所以比制造商拥有更多的市场需求信息（Dong 等，2009；Hong 等，2018；Zhang 等，2018；石纯来和聂佳佳，2019）。近年来，受益于算法和大数据等先进信息技术的发展，零售商能够更加准确地预测未来的市场需求情况（Dong 等，2009；Hong 等，2018）。有趣的是，部分零售商主动地与制造商共享其掌握的市场需求信息（Huang 等，2018）。对此，Huang 等（2018）、许明辉和孙康泰（2020）的研究发现，零售商共享需求信息会改变制造商的渠道入侵策略。然而在现实中，不仅存在制造商渠道入侵，还存在零售商品牌入侵的情况。因此，进一步考察信息共享对双边入侵的影响兼具实践和理论意义。

传统的研究认为，零售商不会自愿共享需求信息，因为制造商一旦知道了市场需求情况，就会策略性地调整批发价格，从而降低零售商的利润，因此零售商会保留信息（聂佳佳，2012；Bian 等，2014；Li 等，2014；Bian 等，2016；Huang 和 Wang，2017；郭强等，2018；石纯来和聂佳佳，2019）。但近几年发表的一些文献提出了不同的见解。例如，Mittendorf 等（2013）的研究提出，零售商可能会提前承诺向制造商共享需求信息。因为共享信息能够促使制造商提升对扩大市场需求的投入。在他们的研究基础上，Huang 等（2018）进一步考察发现，零售商主动共享信息在一定程度上能够阻止制造商采取渠道入侵。然而，许明辉和孙康泰（2020）则提出，当市场规模不大且零售商有较强的销售优势时，共享信息以诱导制造商采取渠道入侵反而对零售商有利。

现有的研究虽然考察了制造商渠道入侵和零售商信息共享的互动，但没有考虑到零售商可能引入自有品牌的情况。虽然刘竞和傅科（2019）考察了零售商引入自有品牌和需求信息共享的问题。但他们没有考虑制造商渠道入侵的情况。并且，他们没有得到消费者对自有品牌的估值对零售商的信息共享策略的影响。基于以上的理论和现实背景，本章研究当制造商和零售商均有机会入侵对方业务时零售商共享信息的条件以及共享信息对双边入侵的影响。

4.2　问题描述

在由制造商和零售商两个参与者构成的垂直供应链中，零售商从制造商那里购买制造商品牌产品，然后转售给市场上的最终消费者。制造商和零售商均有机会入侵对方的业务；制造商可设立直销渠道来涉足销售业务，零售商也可开发并推出自有品牌来涉足产品业务。在市场需求不确定情况下，零售商能够获取到下一销售季市场对产品的需求信息，并可以与制造商共享这一私有信息。若共享，那么双方将在信息对称情况下制定入侵策略；但若不共享，那么双方在不对称信息情况下制定入侵策略。

假设潜在市场需求为 a。参考 Chen 等（2011）、Ru 等（2015）、Cui 等（2016）的研究，设定消费者对制造商产品的估值为 $v(v \sim U[0, 1])$，对零售商自有品牌产品的估值为 δv；$\delta \in (0, 1)$ 为估值折扣系数，反映了制造商更擅长生产且制造商产品质量更好这一特点。为了刻画市场需求的不确定性，参考 Mittendorf 等（2013）、石纯来等（2016）、Huang 等（2018）、Jiang 等（2020）的研究，假设潜在市场需求 $a = 1 + \xi$，其中，ξ 是随机变量，其均匀分布在 $[0, 1]$，表示市场不确定性的部分。采用 $\varepsilon(0 \leq \varepsilon \leq 1)$ 表示 ξ 的实现值。当销售季来临时，零售商能够通过预测确定实际的市场需求 $1 + \varepsilon$，而制造商仅知道市场需求的先验分布。采用 p_n、p_s、q_n 和 q_s 分别表示制造商和零售商产品的出清价格和产量（销量），参考高鹏等（2014）、石纯来等（2016）的分析，市场出清价格的确定需要

满足 $D_n = a - \dfrac{p_n - p_s}{1-\delta} = q_n$ 和 $D_s = \dfrac{p_n - p_s}{1-\delta} - \dfrac{p_s}{\delta} = q_s$。由此推导出线性逆需求函数如下：

$$p_n = 1 + \varepsilon - q_n - \delta q_s \tag{4.1}$$

$$p_s = \delta(1 + \varepsilon - q_n - q_s) \tag{4.2}$$

其中，$q_n = q_{nm} + q_{nr}$。本章主要符号如表4-1所示。

表4-1　本章所用符号约定

	符号	解释
参数	a	总潜在市场需求
	ξ	潜在市场需求的随机部分
	$\varepsilon \sim U(0,1)$	随机潜在市场需求 ξ 的实现值
	$\delta \in (0,1)$	零售商自有品牌产品的估值折扣系数
	$c \in (0,1)$	制造商单位直销成本
	j	制造商和零售商的入侵情形，$j = EE$、EN、NE、NN
决策变量	$q_{nm}^j (q_{nr}^j)$	情形 j 下的制造商直销（零售）渠道产品销量
	q_s^j	情形 j 下的零售商自有品牌产品销量
	w^j	情形 j 下制造商产品的批发价格
收益	$\pi_i^j (i = M, R)$	企业 i 在入侵情形 j 下的事后收益
	$\prod_i^j (i = M, R)$	企业 i 在入侵情形 j 下的事前期望收益

此外，成本结构的假设与第3章相同，设制造商的单位销售成本为 c，零售商单位销售成本和两企业的生产成本均为0（Arya 等，2007；Li 等，2014；Ha 等，2016）。

决策顺序如图4-1所示。在第0阶段，零售商决定是否与制造商共享需求信息。在第1阶段，零售商观察到实际的市场需求情况，并将信息共享给制造商（若在第0阶段决定共享）。在第2阶段，制造商制定渠道入侵策略，同时零售商制定品牌入侵策略。在第3阶段，制造商制定批发价格。在第4阶段，制造商和零售商同时进行产品销量决策。

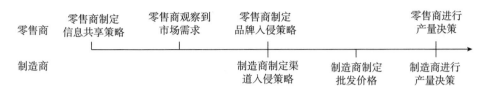

图 4-1　决策顺序

4.3　无信息共享下的双边入侵博弈

在零售商不共享需求信息的情形下，零售商依据观察到的实际市场需求来制定入侵策略，而制造商则只能根据期望市场需求来制定入侵策略。首先给定入侵情形，推导出每种入侵情形下的子博弈均衡。令 NN、EN、NE 和 EE 表示四种可能的入侵组合情形，其中，第一个（第二个）字母表示制造商（零售商）的选择，E 表示入侵，N 表示不入侵。其次通过比较两个参与者的利润来确定双边入侵的博弈均衡。

4.3.1　EE 情形子博弈均衡

在 EE 情形下，制造商采取了渠道入侵，零售商实施了品牌入侵。采用符号"⌒"标识无信息分享情形。给定无信息共享情形，那么在双方均采取了入侵的 EE 情形下，两企业的利润决策函数为：

$$E(\widehat{\pi}_M^{EE}) = E\left[\widehat{w}^{EE}\widehat{q}_{nr}^{EE} + (\widehat{p}_n^{EE} - c)\widehat{q}_{nn}^{EE}\right] \tag{4.3}$$

$$\widehat{\pi}_R^{EE} = (\widehat{p}_n^{EE} - \widehat{w}^{EE})\widehat{q}_{nr}^{EE} + \widehat{p}_s^{EE}\widehat{q}_s^{EE} \tag{4.4}$$

采用逆向归纳法求解该子博弈中两个参与者之间的互动，给定批发价格 $\widehat{w}^{EE}$，两企业同时制定产品销量：

$$\widehat{q}_{nr}^{EE}(\widehat{q}_{nm}^{EE*}, \quad \widehat{w}^{EE}) = \frac{(1+\varepsilon-\widehat{q}_{nm}^{EE*})(1-\delta)-\widehat{w}^{EE*}}{2(1-\delta)}, \quad \widehat{q}_{s}^{EE}(\widehat{w}^{EE}) = \frac{\widehat{w}^{EE}}{2(1-\delta)} \quad (4.5)$$

$$\widehat{q}_{nm}^{EE}(\widehat{q}_{nr}^{EE*}, \quad \widehat{q}_{s}^{EE*}) = \frac{3-2(\widehat{q}_{nr}^{EE*}+\delta\widehat{q}_{s}^{EE*}+c)}{4} \quad (4.6)$$

上标"＊"表示推测变量。在纳什均衡下，推测变量与实际的最优决策一致，即 $\widehat{q}_{g}^{EE}=\widehat{q}_{g}^{EE*}$（$g=nm$，$nr$，$s$）（Huang 等，2018）。联立式（4.5）和式（4.6）求解得到：

$$\widehat{q}_{nm}^{EE}(\widehat{w}^{EE}) = \frac{3+2\widehat{w}^{EE}-4c}{6}, \quad \widehat{q}_{nr}^{EE}(\widehat{w}^{EE}) = \frac{\widehat{w}^{EE}}{2(1-\delta)} \quad (4.7)$$

$$\widehat{q}_{s}^{EE}(\widehat{w}^{EE}) = \frac{(1-\delta)(3-6\varepsilon+4c)-2(4-\delta)\widehat{w}^{EE}}{12(1-\delta)} \quad (4.8)$$

求解制造商的最优批发价格，得到：

$$\widehat{w}^{EE} = \frac{(1-\delta)(15-2c)}{2(10-\delta)} \quad (4.9)$$

将最优批发价格带回到 $\widehat{q}_{nm}^{EE}(\widehat{w}^{EE})$、$\widehat{q}_{nr}^{EE}(\widehat{w}^{EE})$、$\widehat{q}_{s}^{EE}(\widehat{w}^{EE})$，得到命题4-1。

命题 4-1 无需求信息分享下，如果制造商与零售商均入侵，那么制造商和零售商的最优销量决策如下：

$$\widehat{q}_{nm}^{EE} = \begin{cases} \dfrac{3(5-2\delta)-2(7-\delta)}{2(10-\delta)}, & 0<c\leqslant\dfrac{3(5-2\delta)}{2(7-\delta)} \\[3mm] 0, & \dfrac{3(5-2\delta)}{2(7-\delta)}\leqslant c<1 \end{cases}$$

$$\widehat{q}_{s}^{EE} = \frac{(15-2c)}{4(10-\delta)}, \quad \widehat{q}_{nr}^{EE} = \begin{cases} 0, & 0\leqslant\varepsilon\leqslant\varepsilon_{0} \\[3mm] \dfrac{(10-\delta)\varepsilon+(8-\delta)c-(5-2\delta)}{2(10-\delta)}, & \varepsilon_{0}<\varepsilon\leqslant1 \end{cases}$$

其中，$\varepsilon_{0} = \dfrac{(5-2\delta)-(8-\delta)c}{10-\delta}$。

在无信息共享，制造商依据市场需求的期望 $E[1+\varepsilon]$ 决定 $\widehat{w}^{EE}$ 和 $\widehat{q}_{nm}^{EE}$，而零

售商可依据观测到的实际市场需求 $1+\varepsilon$ 决定 $\hat{q}_s^{EE}$ 和 $\hat{q}_{nr}^{EE}$。命题 4-1 表明，在制造商不了解市场需求时，零售商对制造商产品的采购量 $\hat{q}_{nr}^{EE}$ 可能为 0。解释如下：当制造商不知道真实市场需求时，只能依据对市场需求的期望 $E[1+\varepsilon]$ 来制定批发价格，那么批发价格将不依赖于真实的市场需求，即 $\hat{w}^{EE} = \dfrac{(1-\delta)(15-2c)}{2(10-\delta)}$。如果市场需求实现且较小，那么制造商依据期望所制定的批发价格会相对较高。此时，掌握了实际市场需求的零售商将不得不减少对制造商产品的采购量。当实际市场需求小于一定阈值 ε_0 时，零售商将完全放弃采购制造商产品。

根据制造商与零售商在 EE 情形下的最优决策，得到两企业的事后收益如下：

$$\hat{\pi}_i^{EE}(i=M,\ R) = \begin{cases} \hat{\pi}_i^{EE1}, & 0<c\leqslant\dfrac{3(5-2\delta)}{2(7-2\delta)} \text{ 且 } 0\leqslant\varepsilon\leqslant\varepsilon_0 \\[3mm] \hat{\pi}_i^{EE2}, & 0<c\leqslant\dfrac{3(5-2\delta)}{2(7-2\delta)} \text{ 且 } \varepsilon_0<\varepsilon\leqslant1 \\[3mm] \hat{\pi}_i^{EE3}, & \dfrac{3(5-2\delta)}{2(7-2\delta)}<c<1 \end{cases} \qquad (4.10)$$

出于简洁性考虑，将 $\hat{\pi}_i^{EE1}$、$\hat{\pi}_i^{EE2}$ 和 $\hat{\pi}_i^{EE3}(i=M,\ R)$ 的表达式放于附录 2 中。当 $c<\dfrac{5-2\delta}{8-\delta}$ 时，$0<\varepsilon_0<1$；当 $c\geqslant\dfrac{5-2\delta}{8-\delta}$ 时，$\varepsilon_0\leqslant0$。其中，$\dfrac{5-2\delta}{8-\delta}<\dfrac{3(5-2\delta)}{2(7-2\delta)}$。因此，两企业的期望收益可表示为：

$$\widehat{\prod}_i^{EE}(i=M,\ R) = \begin{cases} \displaystyle\int_{00}^{\varepsilon}\hat{\pi}_i^{EE1}d\varepsilon + \int_{\varepsilon_0}^{1}\hat{\pi}_i^{EE2}d\varepsilon, & 0\leqslant c\leqslant\dfrac{5-2\delta}{8-\delta} \\[4mm] \displaystyle\int_0^1\hat{\pi}_i^{EE2}d\varepsilon, & \dfrac{5-2\delta}{8-\delta}<c\leqslant\dfrac{3(5-2\delta)}{2(7-2\delta)} \\[4mm] \displaystyle\int_0^1\hat{\pi}_i^{EE3}d\varepsilon, & \dfrac{3(5-2\delta)}{2(7-2\delta)}<c\leqslant1 \end{cases}$$

$$(4.11)$$

其中，$\widehat{\prod}_i^{EE}(i=M,\ R)$ 的具体表达式见附录 2 中命题 4-2 的证明。

4.3.2 NN、NE 和 EN 情形子博弈均衡

按照与 EE 同样的分析过程，可以得到 NN、NE 和 EN 三种情形的子博弈均衡，如下所示：

（1） NN 情形下，$\widehat{w}^{NN} = \dfrac{3}{4}$，$\widehat{q}_{nm}^{NN} = 0$，$\widehat{q}_{nr}^{NN} = \dfrac{1+4\varepsilon}{8}$，$\widehat{q}_{s}^{NN} = 0$。

（2） NE 情形下，$\widehat{w}^{NE} = \dfrac{3(1-\delta)}{4}$，$\widehat{q}_{nm}^{NE} = 0$，$\widehat{q}_{nr}^{NE} = \dfrac{1+4\varepsilon}{8}$，$\widehat{q}_{s}^{NE} = \dfrac{3}{8}$。

（3） EN 情形下，$\widehat{w}^{EN} = \dfrac{15-2c}{20}$，$\widehat{q}_{nm}^{EN} = \dfrac{15-14c}{20}$，$\widehat{q}_{s}^{EN} = 0$，且

$$\widehat{q}_{nr}^{EN} = \begin{cases} 0, & 0 \leqslant \varepsilon \leqslant \dfrac{5-8c}{10} \\[3mm] \dfrac{8c+10\varepsilon-5}{20}, & \dfrac{5-8c}{10} < \varepsilon \leqslant 1 \end{cases}$$

基于以上三种情形下的企业最优决策，得出两企业在此三种情形下的事后和事前收益。将 NN 情形下的均衡决策代入两企业的利润函数，便可得到两企业在 NN 子博弈下的事后收益，分别如下：

$$\widehat{\pi}_M^{NN} = \frac{3+12\varepsilon}{32}, \quad \widehat{\pi}_R^{NN} = \frac{(1+4\varepsilon)^2}{64} \tag{4.12}$$

那么，制造商和零售商在 NN 子博弈下的事前期望利润为：

$$\widehat{\prod}_M^{NN} = \int_0^1 \widehat{\pi}_M^N d\varepsilon = \frac{9}{32}, \quad \widehat{\prod}_R^{NN} = \int_0^1 \widehat{\pi}_R^N d\varepsilon = \frac{31}{192} \tag{4.13}$$

将 NE 情形下的均衡决策代入两企业的利润函数，得到 NE 子博弈下的两企业事后收益，分别如下：

$$\widehat{\pi}_M^{NE} = \frac{3(1-\delta)(1+4\varepsilon)}{32}, \quad \widehat{\pi}_R^{NE} = \frac{3\delta(8\varepsilon+5)+(4\varepsilon+1)^2}{64} \tag{4.14}$$

那么，制造商和零售商在 NE 子博弈下的事前期望利润为：

$$\widehat{\prod}_M^{NE} = \int_0^1 \widehat{\pi}_M^{NE} d\varepsilon = \frac{9(1-\delta)}{32}, \quad \widehat{\prod}_R^{NE} = \int_0^1 \widehat{\pi}_R^{NE} d\varepsilon = \frac{31+81\delta}{192} \tag{4.15}$$

将 EN 情形下的均衡决策代入两企业的利润函数，得到 EN 情形下的两企业事后收益，分别如下：

$$\widehat{\pi}_M^{EN} = \begin{cases} \widehat{\pi}_M^{EN1}, & 0 \leqslant \varepsilon \leqslant \dfrac{5-8c}{10} \\ \widehat{\pi}_M^{EN2}, & \dfrac{5-8c}{10} < \varepsilon \leqslant 1 \end{cases}, \quad \widehat{\pi}_R^{EN} = \begin{cases} \widehat{\pi}_R^{EN1}, & 0 \leqslant \varepsilon \leqslant \dfrac{5-8c}{10} \\ \widehat{\pi}_R^{EN2}, & \dfrac{5-8c}{10} < \varepsilon \leqslant 1 \end{cases} \tag{4.16}$$

按照与 EE 情形相同的分析思路，不难得到制造商和零售商在 EN 子博弈下的期望利润：

$$\widehat{\prod}_M^{EN} = \begin{cases} \displaystyle\int_0^{\frac{5-8c}{10}} \widehat{\pi}_M^{EN1} d\varepsilon + \int_{\frac{5-8c}{10}}^1 \widehat{\pi}_M^{EN2} d\varepsilon = \frac{9}{16} - \frac{57c}{80} + \frac{7c^2}{20} + \frac{8c^3}{125}, & 0 < c \leqslant \frac{5}{8} \\ \displaystyle\int_0^1 \widehat{\pi}_M^{EN2} d\varepsilon = \frac{9}{16} - \frac{3c}{4} + \frac{9c^2}{20}, & \frac{5}{8} < c < 1 \end{cases} \tag{4.17}$$

$$\widehat{\prod}_R^{EN} = \begin{cases} \displaystyle\int_0^{\frac{5-8c}{10}} \widehat{\pi}_R^{EN1} d\varepsilon + \int_{\frac{5-8c}{10}}^1 \widehat{\pi}_R^{EN2} d\varepsilon = \frac{(5+8c)^3}{12000}, & 0 < c \leqslant \frac{5}{8} \\ \displaystyle\int_0^1 \widehat{\pi}_R^{EN2} d\varepsilon = \frac{1}{48} + \frac{4c^2}{25}, & \frac{5}{8} < c < 1 \end{cases} \tag{4.18}$$

考察无信息共享时制造商和零售商的入侵决策，推导此时双边入侵博弈的纳什均衡。由于在零售商不分享需求信息的情形下，零售商在制定入侵决策时知道市场需求，但制造商在制定入侵策略时不知道市场需求。因此，零售商依据事后收益制定入侵策略，而制造商则依据事前期望收益制定入侵策略。最终得到无信息共享下制造商和零售商入侵博弈纳什均衡，如命题 4-2 所示。

命题 4-2　在无信息共享情形下，存在阈值 c_0 使当 $c \leqslant c_0$ 时，制造商和零售商的入侵博弈均衡为 (E, E)；否则，入侵博弈均衡为 (N, E)。其中，c_0

是 $\widehat{\prod}_M^{EE} = \widehat{\prod}_M^{NE}$ 的唯一可行解。

研究发现，给定不共享需求信息，零售商总是会选择采取入侵，图4-2直观地呈现了无共享信息下的入侵博弈均衡。也就是说，即使市场需求随机变量 ε 较小，零售商也会采取入侵。对比第3章在确定需求下得到的研究结论，可以发现，零售商的选择并未受到随机市场需求的改变。与此同时，可以发现，制造商选择入侵的区域相对更大。这是由于本章的模型设定市场潜在需求为

$1+\varepsilon$，且 $E[\varepsilon] = \dfrac{1}{2}$，这比第3章设定的市场需求更大。由此也可以推断，潜在

市场需求越大，制造商越可能选择入侵，市场越可能表现为 (E, E) 的均衡。

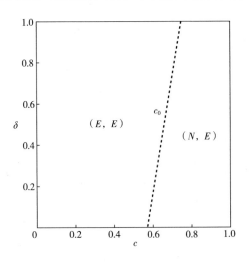

图4-2　无信息共享下的入侵博弈均衡

4.4　共享需求信息下的双边入侵博弈

在零售商共享需求信息的情形下，零售商与制造商在制定入侵策略前均已

掌握了准确的市场需求情况。因此，双方根据准确的市场需求制定批发价格、销量和入侵策略。首先，分别求解 EE、EN、NE 和 NN 情形下两企业的子博弈均衡。

4.4.1　EE 情形子博弈均衡

采用符号"$\smile$"表示零售商共享信息的情形。给定无信息共享情形，那么在 EE 下，两企业的利润决策函数分布为：

$$\breve{\pi}_M^{EE} = \breve{w}^{EE}\breve{q}_{nr}^{EE} + (\breve{p}_n^{EE} - c)\breve{q}_{nn}^{EE} \tag{4.19}$$

$$\breve{\pi}_R^{EE} = (\breve{p}_n^{EE} - \breve{w}^{EE})\breve{q}_{nr}^{EE} + \breve{p}_s^{EE}\breve{q}_s^{EE} \tag{4.20}$$

命题 4-3　在信息共享情形下，如果制造商与零售商均入侵，那么两企业的最优销量决策如下：

$$\breve{w}^{EE} = \frac{(5(1+\varepsilon)-c)(1-\delta)}{10-\delta}, \quad \breve{q}_{nr}^{EE} = \frac{\delta(1+\varepsilon-c)+8c}{2(10-\delta)}, \quad \breve{q}_s^{EE} = \frac{5(1+\varepsilon)-c}{2(10-\delta)}$$

$$\breve{q}_{nm}^{EE} = \begin{cases} 0, & 0 \leqslant \varepsilon \leqslant \varepsilon_1 \\ \dfrac{(\varepsilon+1)(5-2\delta)-(7-\delta)c}{10-\delta}, & \varepsilon_1 < \varepsilon \leqslant 1 \end{cases}$$

其中，$\varepsilon_1 = \dfrac{(7-\delta)c-(5-2\delta)}{5-2\delta}$。

命题 4-3 表明，在共享需求信息情形下，如果双方制造商和零售商均采取入侵，那么 $\breve{q}_{nr}^{EE}$ 总是大于 0，而 $\breve{q}_{nm}^{EE}$ 是否大于 0 依赖于市场需求的大小。若 $\varepsilon \leqslant \varepsilon_1$，那么 $\breve{q}_{nm}^{EE} = 0$。进一步考察临界值 ε_1，发现当 $c < \dfrac{5-2\delta}{7-\delta}$ 时，$\varepsilon_1 < 0$。此时，$\breve{q}_{nm}^{EE} > 0$ 总是成立。也就是说，若直销成本较低，无论零售商是否共享信息，在双方均入侵时，直销渠道总存在销量。但若市场需求较小且直销成本较高，那么双边入侵发生后，直销渠道并不会产生实际的销售。与无信息共享情形相比，可以发现，需求信息共享会极大地影响制造商在直销渠道和零售渠道的销售分配。

对于制造商来说，零售渠道存在两方面的好处：第一，零售渠道是由更擅长销售的零售商负责产品的销售，具有成本优势。第二，零售渠道的存在使零售商可以从批发制造商产品并进行转售的过程中获得收益，故能缓和两款产品间的竞争。观察制造商的批发价格，可以发现在信息共享情形下，制造商的批发价格与 ε 呈正相关关系。也就是说，当制造商掌握信息后，一旦发现市场需求较小，将会通过降低批发价格来保证零售渠道产品的销量。而在无信息共享下情形，制造商不了解实际的市场需求，容易制定出不匹配市场需求的批发价格。当 ε 较小时，较高的批发价格可能使零售渠道销量为 0。

基于两企业在 EE 情形下的最优决策，得到两企业的事后收益如下：

$$\breve{\pi}_i^{EE}(i=M,\ R)=\begin{cases}\breve{\pi}_i^{EE1}, & 0\leq\varepsilon\leq\varepsilon_1\\[2mm]\breve{\pi}_i^{EE2}, & \varepsilon_1<\varepsilon\leq1\end{cases} \qquad (4.21)$$

其中，$\breve{\pi}_i^{EE1}$ 和 $\breve{\pi}_i^{EE2}(i=M,\ R)$ 见附录 2。由于当 $0<c\leq\dfrac{5-2\delta}{7-\delta}$ 时，$\varepsilon_1<0$；当

$\dfrac{5-2\delta}{7-\delta}<c<1$ 时，$0<\varepsilon_1<1$。因此，两企业的期望利润表示为：

$$\widehat{\prod}_i^{EE}(i=M,\ R)=\begin{cases}\displaystyle\int_0^1\breve{\pi}_i^{EE1}d\varepsilon, & 0<c\leq\dfrac{5-2\delta}{7-\delta}\\[4mm]\displaystyle\int_0^{\varepsilon_1}\breve{\pi}_i^{EE1}d\varepsilon+\int_{\varepsilon_1}^1\breve{\pi}_i^{EE2}d\varepsilon, & \dfrac{5-2\delta}{7-\delta}<c<1\end{cases} \qquad (4.22)$$

其中，$\widehat{\prod}_i^{EE}(i=M,\ R)$ 的表达式见附录 Z 命题 4-4 的证明。

4.4.2 NN、NE 和 EN 情形子博弈均衡

按照与 EE 同样的分析过程，可以得到 NN、NE 和 EN 三种情形的子博弈

均衡，如下所示：

（1）NN 情形下，$\breve{w}^{NN}=\dfrac{1+\varepsilon}{2}$，$\breve{q}_{nm}^{NN}=0$，$\breve{q}_{nr}^{NN}=\dfrac{1+\varepsilon}{4}$，$\breve{q}_{s}^{NN}=0$。

（2）NE 情形下，$\breve{w}^{NE}=\dfrac{(1+\varepsilon)(1-\delta)}{2}$，$\breve{q}_{nm}^{NE}=0$，$\breve{q}_{nr}^{NE}=\dfrac{1+\varepsilon}{4}$，$\breve{q}_{s}^{NE}=\dfrac{1+\varepsilon}{4}$。

（3）EN 情形下，$\breve{w}^{EN}=\dfrac{5(1+\varepsilon)-c}{10}$，$\breve{q}_{nr}^{EN}=\dfrac{2c}{5}$，$\breve{q}_{s}^{EN}=0$，且

$$\breve{q}_{nm}^{EN}=\begin{cases} \dfrac{5(1+\varepsilon)-7c}{10}, & \dfrac{7c-5}{5}<\varepsilon\leqslant 1 \\[3mm] 0, & 0\leqslant\varepsilon\leqslant\dfrac{7c-5}{5} \end{cases}$$

基于制造商和零售商在三种情形下的最优决策，便可得出两企业在此三种情形下的事后和事前收益。将 NN 情形下两企业的均衡决策代入两企业的利润函数，得到两企业在 NN 子博弈下的事后收益：

$$\breve{\pi}_{M}^{NN}=\frac{(1+\varepsilon)^{2}}{8}, \quad \breve{\pi}_{R}^{NE}=\frac{(1+\varepsilon)^{2}}{16} \tag{4.23}$$

那么，两企业在 NN 情形下的期望利润分别为：

$$\widehat{\prod}_{M}^{NN}=\int_{0}^{1}\breve{\pi}_{M}^{NN}d\varepsilon=\frac{7}{24}, \quad \widehat{\prod}_{R}^{NE}=\int_{0}^{1}\breve{\pi}_{R}^{NE}d\varepsilon=\frac{7}{48} \tag{4.24}$$

将 NE 情形下的均衡决策代入两企业的利润函数，得到两企业在 NE 子博弈下的事后收益：

$$\breve{\pi}_{M}^{NE}=\frac{(1-\delta)(1+\varepsilon)^{2}}{8}, \quad \breve{\pi}_{R}^{NE}=\frac{(1+3\delta)(1+\varepsilon)^{2}}{16} \tag{4.25}$$

那么，两企业在 NE 情形下的期望利润分别为：

$$\widehat{\prod}_{M}^{NE}=\int_{0}^{1}\breve{\pi}_{M}^{NE}d\varepsilon=\frac{7(1-\delta)}{24}, \quad \widehat{\prod}_{R}^{NE}=\int_{0}^{1}\breve{\pi}_{R}^{NE}d\varepsilon=\frac{7(1+3\delta)}{48} \tag{4.26}$$

将 EN 情形下的均衡决策代入两企业的利润函数，得到两企业在 EN 子博

弈下的事后收益：

$$\breve{\pi}_M^{EN} = \begin{cases} \breve{\pi}_M^{EN1} = \dfrac{(1+\varepsilon)^2}{8}, & 0 \leqslant \varepsilon \leqslant \dfrac{7c-5}{5} \\[3mm] \breve{\pi}_M^{EN2} = \dfrac{5(1+\varepsilon)^2 - 10(1+\varepsilon)c + 9c^2}{20}, & \dfrac{7c-5}{5} < \varepsilon \leqslant 1 \end{cases} \qquad (4.27)$$

$$\breve{\pi}_R^{EN} = \begin{cases} \breve{\pi}_R^{EN1} = \dfrac{(1+\varepsilon)^2}{16}, & 0 \leqslant \varepsilon \leqslant \dfrac{7c-5}{5} \\[3mm] \breve{\pi}_R^{EN2} = \dfrac{4c^2}{25}, & \dfrac{7c-5}{5} < \varepsilon \leqslant 1 \end{cases} \qquad (4.28)$$

那么，两企业在 EN 情形下的事前期望利润为：

$$\widehat{\prod}_M^{EN} = \begin{cases} \displaystyle\int_0^1 \breve{\pi}_M^{EN2} d\varepsilon = \dfrac{35 - 45c + 27c^2}{60}, & 0 < c \leqslant \dfrac{5}{7} \\[4mm] \displaystyle\int_0^{\varepsilon_1} \breve{\pi}_M^{EN1} d\varepsilon + \int_{\varepsilon_1}^1 \breve{\pi}_M^{EN2} d\varepsilon = \dfrac{1875 - 3000c + 2700c^2 - 763c^3}{3000}, & \dfrac{5}{7} < c < 1 \end{cases}$$

$$(4.29)$$

$$\breve{\prod}_R^{EN} = \begin{cases} \displaystyle\int_0^1 \breve{\pi}_R^{EN2} d\varepsilon = \dfrac{4c^2}{25}, & 0 < c \leqslant \dfrac{5}{7} \\[4mm] \displaystyle\int_0^{\varepsilon_1} \breve{\pi}_R^{EN1} d\varepsilon + \int_{\varepsilon_1}^1 \breve{\pi}_R^{EN2} d\varepsilon = \dfrac{1920c^2 - 125 - 1001c^3}{6000}, & \dfrac{5}{7} < c < 1 \end{cases}$$

$$(4.30)$$

接下来，考察无信息共享时制造商和零售商的入侵决策，推导此时双边入侵博弈的纳什均衡。零售商共享需求信息后，零售商和制造商在制定入侵策略时均已知道实际的市场需求。因此，两企业均依据事后收益制定入侵策略。最终得到信息共享情形下制造商和零售商入侵博弈的纳什均衡，如命题 4-4 所示。

命题 4-4 零售商共享需求信息情形下，存在阈值：

$$c_1 = \frac{5(2-\delta) - (1-\delta)\sqrt{10-\delta}}{2(9-\delta)}, \quad c_2 = \frac{5(2-\delta) - (1-\delta)\sqrt{10-\delta}}{9-\delta}$$

$$\varepsilon_2 = \frac{2c(1-\delta)\sqrt{10-\delta} + 4(5-\delta)c + \delta(1+\delta) - 10}{10 - \delta(1+\delta)}$$

使 $0 < c \leqslant c_1$，或 $c_1 < c \leqslant c_2$ 且 $\varepsilon_2 < \varepsilon \leqslant 1$ 时，双边入侵博弈均衡为 (E, E)；否则，双边入侵博弈均衡为 (N, E)。

图4-3直观地呈现了共享信息情形下的入侵博弈均衡情况。在共享信息情形下，制造商确定批发价格、直销渠道销量以及入侵策略时，已经知道了市场需求。若直销成本较低（$0 < c \leqslant c_1$），则无论市场需求如何，制造商总是会采取入侵；若直销成本较高（$c_2 < c < 1$），则无论市场需求如何，制造商总是会放弃入侵。也就是说，在直销成本较低或较高时，制造商的入侵选择均不受市场需求情况的影响。

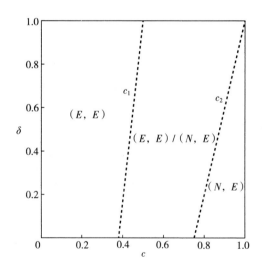

图4-3　需求信息共享下的入侵博弈均衡

然而，当直销成本适中时（$c_1 < c \leq c_2$），制造商的选择依赖于市场需求情况。具体而言，若市场需求较大（$\varepsilon_2 < \varepsilon \leq 1$），则制造商采取入侵；否则放弃入侵。Huang 等（2018）假设制造商入侵会产生固定直销成本，研究了零售商信息共享下的制造商单边渠道入侵策略，发现制造商的入侵选择会在固定直销成本适中时依赖于市场需求的大小。类似地，本章研究制造商存在单位直销成本时的情况，发现在双边入侵博弈中，制造商的入侵选择仍然仅在单位直销成本适中时依赖于市场需求的大小。

推论 4-1　零售商共享信息能够改变制造商的入侵选择。

对比无信息共享和信息共享下的双边入侵均衡可以发现，当 $c \leq c_1$ 时，无论零售商是否共享信息，双边入侵的博弈均衡均为（E，E）；当 $c > c_2$ 时，无论零售商是否共享信息，双边入侵的博弈均衡均为（N，E）。此两种情况下，零售商共享信息也不会改变双边入侵的博弈均衡。

当 $c_1 < c \leq c_0$ 时，若 ε 较大，无论零售商是否共享信息，双边入侵的博弈均衡均为（E，E）。那么，此时共享信息并不会改变双边入侵的博弈均衡。但是，若 ε 较小，则共享信息下的双边入侵博弈均衡为（N，E），无共享下的双边入侵博弈均衡为（E，E）。这表明，零售商共享信息能使制造商在了解到市场需求较小后放弃入侵。

当 $c_0 < c \leq c_2$ 时，若 ε 较小，无论零售商是否共享信息，双边入侵的博弈均衡均为（N，E）。那么，共享信息不会改变双边入侵的博弈均衡。但是，若 ε 较大，则共享信息下的双边入侵博弈均衡为（E，E），无共享下的双边入侵博弈均衡为（N，E）。那么，零售商将实际需求高于期望的信息告诉制造商则会诱导制造商开通直销渠道。

4.5 零售商的信息共享决策

在 4.3 节和 4.4 节的分析中已经得到了无信息共享和信息共享下的双边入侵博弈均衡，并分析了所有条件下零售商共享信息对双边入侵均衡的影响。接下来，考察零售商的需求信息共享策略，确定零售商是否会共享需求信息以及共享信息的条件。首先，基于无信息共享情形下的双边入侵博弈均衡，可以得到零售商在无信息共享下的期望利润为：

$$
\widehat{\prod}_R = \begin{cases} \int_0^{\varepsilon_0} \widehat{\pi}_R^{EE1} d\varepsilon + \int_{\varepsilon_0}^1 \widehat{\pi}_R^{EE2} d\varepsilon, & 0 < c \leqslant \min\left\{\dfrac{5-2\delta}{8-\delta},\ c_0\right\}, & \text{均衡为}(E,\ E) \\[3mm] \int_0^1 \widehat{\pi}_R^{EE2} d\varepsilon, & \dfrac{5-2\delta}{8-\delta} < c \leqslant c_0, & \text{均衡为}(E,\ E) \\[3mm] \int_0^1 \widehat{\pi}_R^{NE} d\varepsilon, & c_0 < c < 1, & \text{均衡为}(N,\ E) \end{cases}
$$

$$(4.31)$$

其次，基于信息共享下的入侵博弈均衡，得到零售商在信息共享下的期望利润为：

$$
\breve{\prod}_R = \begin{cases} \int_0^1 \breve{\pi}_R^{EE2} d\varepsilon, & 0 < c \leqslant c_1, & \text{均衡为}(E,\ E) \\[3mm] \int_0^{\varepsilon_2} \breve{\pi}_R^{NE} d\varepsilon + \int_{\varepsilon_2}^1 \breve{\pi}_R^{EE2} d\varepsilon, & c_1 < c \leqslant c_2, & \begin{cases} if\ \ 0 \leqslant \varepsilon \leqslant \varepsilon_2,\ \text{均衡为}(N,\ E) \\[2mm] if\ \ \varepsilon_2 < \varepsilon \leqslant 1,\ \text{均衡为}(E,\ E) \end{cases} \\[3mm] \int_0^1 \breve{\pi}_R^{NE} d\varepsilon, & c_2 < c < 1, & \text{均衡为}(N,\ E) \end{cases}
$$

$$(4.32)$$

其中，$\widehat{\pi}_R^{NE}$、$\breve{\pi}_R^{NE}$、$\widehat{\prod}_R$ 和 $\breve{\prod}_R$ 的表达式见附录 2。比较 $\widehat{\prod}_R$ 和 $\breve{\prod}_R$ 的大小，可得命题 4-5。

命题 4-5 存在阈值 c_3，使当 $\delta<\hat{\delta}$ 且 $c_3<c<c_0$ 时，$\breve{\prod}_R>\widehat{\prod}_R$；否则，$\breve{\prod}_R\leqslant\widehat{\prod}_R$。其中，$c_3$ 的表达式见附录 2 中命题 4-5 的证明。

命题 4-5 表明，当制造商直销成本较低或者较高时，共享信息对零售商不利，因此零售商总是不愿与制造商共享需求信息；当且仅当直销成本适中且消费者对自有品牌产品估值较低时，共享信息对零售商有利，因而零售商会主动与制造商共享需求信息。根据这一结论可知，同一个零售商可能既致力于打造自有品牌，又主动与制造商共享其私有需求信息。这一结论符合对现实的观察。例如，零售巨头沃尔玛虽然拥有自有品牌惠宜，但同时也主动与其产品供应商共享市场需求信息。

根据推论 4-1 所总结的结论，当 $c\leqslant c_1$ 或 $c>c_2$ 时，共享信息不会改变双边入侵的博弈均衡。此时，保留信息优势以误导制造商的批发价格决策对零售商更有利，零售商不会共享需求信息。

当 $c_0<c\leqslant c_2$ 时，共享信息可使双边入侵的博弈从 (N,E) 均衡转为 (E,E) 均衡。但是，由于制造商的渠道入侵会损害零售商的收益，所以此时零售商仍然不会共享信息。

当 $c_1<c\leqslant c_0$ 时，若 ε 较小，零售商共享信息能使原本双边入侵的博弈均衡从 (E,E) 转为 (N,E)。即通过信息共享能使制造商在知道市场需求较小后放弃入侵，这对零售商更有利。然而，研究结果表明，即便如此，零售商也仅会在 $\delta<\hat{\delta}$ 且 $c_3<c<c_0$ 时与制造商共享信息。原因解释如下：虽然共享信息能使制造商放弃入侵，但也会让零售商在子博弈的决策中失去信息优势，因此，零售商需要权衡共享信息的得失。具体而言，当 δ 较大时（$\delta\geqslant\hat{\delta}$），零售商自

有品牌具有不弱的市场竞争力，制造商入侵带给零售商自有品牌的伤害相对较小。此时，零售商保留信息优势以误导制造商的批发价格决策就更有利可图。根据命题 4-4 得到的信息共享下的入侵均衡，当 $c_1 < c \leqslant c_0$ 时，除非 $\varepsilon < \varepsilon_2$，否则制造商仍不会放弃入侵。其中，$\dfrac{\partial \varepsilon_2}{\partial c} > 0$。那么，$c$ 越小，$\varepsilon < \varepsilon_2$ 的概率越小，制造商在知道市场真实需求后放弃入侵的可能性越小。所以，当 c 较小时（$c_1 < c \leqslant c_3$），共享信息对零售商而言仍然得不偿失；仅当 c 较大时（$c_3 < c < c_0$），即零售商通过共享信息能够大概率地阻止制造商入侵时，零售商才会选择共享信息。

零售商需求信息共享策略如图 4-4 所示。

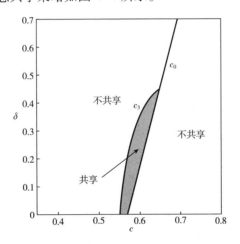

图 4-4 零售商需求信息共享策略

4.6 本章小结

本章分别考察了在零售商需求信息共享和无共享两种情形下，制造商渠道入侵和零售商品牌入侵的双边入侵博弈，确定了零售商愿意主动共享信息的条件以及信息共享对双边入侵的影响。研究发现：①若直销成本较低，无论零售商是否共享信息，均衡下双方都会选择入侵；若直销成本较高，无论零售商是否共享信息，均衡下仅零售商会采取入侵，而制造商会放弃入侵。即在此两种情况下，零售商共享信息不会改变其与制造商的入侵决策。②若直销成本适当偏低，无共享下，两企业均会采取入侵，但共享信息可能使制造商放弃入侵。若直销成本适当偏高，无共享下，仅零售商会采取入侵，但共享信息可能导致原本不采取入侵的制造商转而采取入侵。③当且仅当直销成本适中且消费者对自有品牌产品估值较低时，零售商会主动与制造商共享市场需求信息，其目的是防止制造商采取渠道入侵。

一方面，本章的研究发现，零售商的信息共享策略不会改变其自身的品牌入侵选择。同一个零售商可能既致力于打造自有品牌，又主动与制造商共享其私有需求信息。实践中，零售巨头沃尔玛虽然拥有自有品牌惠宜，但同时也主动与其产品供应商共享市场需求信息。另一方面，本章的研究表明，在零售商具有自有品牌的情况下，零售商共享需求信息仍能够促使制造商放弃采取渠道入侵。但零售商仅会在自有品牌估值较低且直销成本适中时与制造商共享信息。Huang 等（2018）研究发现，当且仅当固定直销成本适中且直销渠道和零售渠道间的替代性较大时零售商才会主动共享需求信息。本章的研究进一步发现，对于一个拥有自有品牌的零售商，其仅可能在消费者对其自有品牌产品估值较低时与制造商共享信息。这一结论一定程度上解释了为何如沃尔玛等许多愿意共享信息的零售商的自有品牌估值相对较低。

首先，本章的研究结论表明，制造商和零售商应依据不同的信息策略制定相应的入侵策略。其次，虽然渠道入侵和品牌入侵加剧了零售商和制造商间的冲突，但零售商保持信息优势未必总是好的。零售商应在消费者对自有品牌产品估值较低且制造商直销成本适中时与制造商共享信息。

第5章　制造商成本降低投资对双边入侵的影响

考虑到近年来许多的制造商正致力于投资物联网（IoT）、大数据分析（BDA）、人工智能（AI）等先进技术，以打造智能工厂，实现生产升级这一现实背景。本章在第3章的研究基础上，进一步考察制造商降低生产成本的投资行为对双边入侵决策的影响。对此，分别建立了无投资和制造商投资下的双边入侵博弈模型，得到了两种情形下的双边入侵博弈均衡。研究发现，一定条件下，制造商投资能够阻止双边入侵的发生。具体地说，零售商的品牌入侵会刺激制造商加大对降低生产成本的投资力度，且消费者对自有品牌产品的估值越高，投资水平增加得越多。投资水平的提高一方面会削弱零售商自有品牌的竞争优势，另一方面也能增加零售商销售制造商产品的收益，缓和了竞争。两方面的影响共同使得零售商愿意在消费者对自有品牌产品估值较高时主动放弃入侵。在此情况下，制造商也不必因为零售商的入侵而被动地采取入侵。

5.1 引言

如何降低产品的生产成本是许多制造企业长期探索的问题。近年来，如大数据、物联网、人工智能等高新技术的出现和发展给制造企业提供了新的机会。制造商可以通过投资这些先进技术实现智能制造和数字化转型，从而提升生产效率，降低生产成本。例如，宁德时代在中国福建打造的智能工厂通过利用物联网技术连接了五百多辆在制车辆、两千多个智能终端设备、超一万个传感器，并运用大数据技术和回归算法对上千台设备进行主动式预警，降低了20%的非计划停机时间。自投产以来，宁德工厂的生产效率提高了48%，极大地降低了工厂的生产成本[①]。此外，如华为、苹果、特斯拉等众多企业也均在大力地进行技术投资，以提升生产效率、降低生产成本。一方面，生产效率的提升势必需要合理的供应渠道相适应；另一方面，实证研究表明，制造商的渠道入侵决策受到技术投资的影响（Tahirov 和 Glock，2022）。因此，本章将探索制造商降低成本的投资行为对供应链双边入侵决策的影响。

已有部分文献探索了供应链相关企业的各种投资行为与入侵决策之间的互动。例如，Cui（2019）研究了原始设备制造商在面临上游合同制造商潜在入侵时的质量改进投资策略，发现质量改进投资对阻止合同制造商入侵起着至关重要的作用。Yoon（2016）研究了制造商降低成本投资下其入侵的影响，发现由于投资溢出效应的存在，制造商的入侵可能对零售商有利。在 Yoon（2016）的基

① https：//e.huawei.com/cn/case-studies/industries/manufacturing/2020/saic-ningde-factory-ip-networks.

础上，Sun 等（2019）考察了信息不对称下，制造商入侵对成本投资决策的影响。Arya 和 Mittendorf（2013）刻画了企业间的交叉投资效应，发现入侵会使企业从投资以削弱竞争对手的市场需求，转变为促进需求。此后，Mittendorf 等（2013）考察了零售商信息共享与制造商市场需求投资和渠道入侵之间的相互作用，并提出在投资足够有效的前提下，零售商愿意共享信息以激励制造商入侵。这一结论得到了 Zhang 等（2018）、Huang 等（2020）的支持。

现有研究虽然考察了制造商渠道入侵与投资之间的互动，但忽略了零售商也可以采取品牌入侵的情况。为此，本章将对制造商成本投资下的双边入侵进行分析，以回答以下三个问题：①在制造商削减生产成本的投资行为下，制造商和零售商会选择在什么时候采取入侵？②制造商降低生产成本的投资行为对其与零售商的双边入侵决策有何影响？③不同入侵结构下制造商的投资水平如何？

5.2　问题描述

在由一个制造商和一个零售商两个参与者组成的垂直供应链中，零售商从制造商那里购买制造商品牌产品，然后转售给市场上的最终消费者。同时，制造商可建立直销渠道来涉足销售业务，零售商亦可发展自有品牌来涉足产品业务。

假设制造商和零售商生产单位产品的成本均为 d（$0<d<1$），且制造商有机会投资新技术以提升生产效率、降低生产成本。值得注意的是，因为实践中零售商往往更专注于销售，而制造商更专注于生产，所以本章考虑仅制造商会采取成本降低投资。参考 Yoon（2016）、Sun 等（2019）、Huang 等（2020）的研究，假设每降低 x 比例的生产成本，制造商需要投入 $\dfrac{kx^2}{2}$ 的研发费用，其

中，x ($0<x<1$) 代表投资水平，k 代表投资效率。为了避免烦琐情况，后文的分析将设定 $k=1$ 且 $0<d\leqslant\overline{d}$ ($\overline{d}=1-2c$)。此外，与第3章相同，为了刻画零售商的销售优势，假设零售商单位产品销售成本为0，制造商单位产品销售成本为 c ($0<c<1$) (Arya等，2007；Li等，2014；Ha等，2016)。

在本章的模型中，虽然假设制造商和零售商的单位生产成本相同，但在相同的生产成本下，消费者对两种产品的估值是不同的。假设市场上存在规模为1的消费者对制造商产品和零售商自有品牌产品的估值分别为 v 和 δv ($v\sim U[0,1]$)，$\delta\in(0,1)$ 反映了制造商的生产优势，表示制造商产品质量更好。采用 p_n、p_s、q_n 和 q_s 分别代表两种产品的市场出清价格和产量（销量），可根据消费者估值得到两种产品的线性逆需求函数，如下：

$$p_n=1-q_n-\delta q_s \qquad\qquad\qquad (5.1)$$

$$p_s=\delta(1-q_n-q_s) \qquad\qquad\qquad (5.2)$$

其中，$q_n=q_{nm}+q_{nr}$。q_{nm} (q_{nr}) 表示制造商直销（零售）渠道产品销量。

决策顺序如图5-1所示。在第0阶段，制造商选择是否采取渠道入侵，同时零售商选择是否采取品牌入侵。在第1阶段，制造商决定投资水平（如果采取投资）。在第2阶段，制造商决策批发价格 w。在第3阶段，制造商确定直销渠道产品销量，零售商确定对制造商产品的订购量和自有品牌产品的销量。最后需求得以实现，所有产品以出清价格卖给终端消费者。

图5-1　决策顺序

5.3　无投资情形下的双边入侵策略

考虑一个基准模型，即制造商不采取投资时其与零售商的双边入侵博弈模型。然后将此情形下的双边入侵博弈均衡与投资情形进行对比分析，从而考察制造商投资行为对双边入侵决策的影响。无投资下制造商与零售商的利润函数为：

$$\prod\nolimits_M = (w - d)q_{nr} + (p_n - c - d)q_{nm} \tag{5.3}$$

$$\prod\nolimits_R = (p_n - w)q_{nr} + (p_s - d)q_s \tag{5.4}$$

其中，若制造商（零售商）没有入侵，那么 $q_{nm} = 0$（$q_s = 0$）。

由于制造商和零售商均有两种选择——入侵或者不入侵，因此总共存在 NN、NE、EN 和 EE 四种可能的入侵组合情形，其中，第一个（第二个）字母表示制造商（零售商）的选择，E 表示入侵，N 表示不入侵。求解 EE 情形下的子博弈均衡，得到表 5-1。

表 5-1　EE 情形下两企业的最优决策

	$0 < d \leqslant \min\{u_0, u_1\}$	$u_0 < d \leqslant u_1$	$u_1 < d \leqslant \min\{u_0, u_2\}$	$d > \max\{\min\{u_0, u_2\}, u_1\}$
q_{nr}^{EE}	$\dfrac{(8-\delta)(2c+d)-2\delta}{4(10-\delta)}$	$\dfrac{1}{4}$	$\dfrac{2c}{5}$	$\dfrac{1-d}{4}$
q_{nm}^{EE}	$\dfrac{2(5-2\delta)-(7-\delta)(2c+d)}{2(10-\delta)}$	0	$\dfrac{5(1-d)-7c}{10}$	0
q_s^{EE}	$\dfrac{2\delta(5-c)-(20-\delta)d}{4(10-\delta)}$	$\dfrac{2d-\delta}{4\delta}$	0	0

	$0<d\leqslant\min\{u_0,\ u_1\}$	$u_0<d\leqslant u_1$	$u_1<d\leqslant\min\{u_0,\ u_2\}$	$d>\max\{\min\{u_0,\ u_2\},\ u_1\}$
w^{EE}	$\dfrac{2(1-\delta)(5-c)+(19-\delta)d}{2(10-\delta)}$	$\dfrac{d-(1+\delta)}{2}$	$\dfrac{5(1+d)-c}{10}$	$\dfrac{1+d}{2}$

注：$u_0=2\left(\dfrac{5-2\delta}{7-\delta}-c\right)$，$u_1=\dfrac{2\delta(5-c)}{20-\delta}$，$u_2=\dfrac{5-7c}{5}$。

对于 NN、NE 和 EN 三种入侵情形，亦可得到每种情形下两企业的最优决策。两企业以最大化最终利润为目标，同时抉择是否入侵。但由于无投资情形下的模型与第 3 章相似，为避免内容的烦琐，本章省略了对每种入侵情形下的子博弈均衡的求解过程和均衡结果的呈现，仅给出最终的制造商和零售商入侵博弈纳什均衡，如引理 5-1 所示。

引理 5-1 无制造商投资下，当 $d\leqslant\min\left\{\tau_1,\ \dfrac{2(5-c)\delta}{20-\delta}\right\}$ 时，双边入侵博弈的纳什均衡为 $(E,\ E)$；当 $\tau_1<d\leqslant\dfrac{2(5-c)\delta}{20-\delta}$ 时，双边入侵博弈的纳什均衡为 $(N,\ E)$；当 $\dfrac{2(5-c)\delta}{20-\delta}<d\leqslant\dfrac{5(1-2c)-\sqrt{10}c}{5}$ 时，双边入侵博弈的纳什均衡为 $(E,\ N)$；否则，双边入侵博弈的纳什均衡为 $(N,\ N)$。其中，$\tau_1=\dfrac{5(2-\delta)-2c(9-\delta)-(1-\delta)\sqrt{10-\delta}}{9-\delta}$。

引理 5-1 表明，当生产成本 d 较小时，制造商和零售商倾向于采取入侵；反之，两企业倾向于放弃入侵。这与第 3 章数值研究部分的结论相同。图 5-2 直观地呈现了无投资情形下的双边入侵博弈均衡。可以发现，制造商和零售商的入侵策略极大地依赖于消费者对自有品牌产品的估值 δ 和制造商直销成本 c。

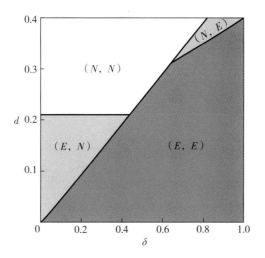

图 5-2 无投资情形下的入侵博弈均衡 ($c=0.3$)

存在阈值 δ' 使当且仅当 $\delta>\delta'$ 时，满足 $\tau_1<\dfrac{2(5-c)\delta}{20-\delta}$，其中，$\delta'$ 随 c 的增大而减小。因此，当且仅当零售商自有品牌质量 δ 较大且生产成本 d 适中时，双边入侵博弈均衡表现为 (N,E)。同时，由于 $\dfrac{2(5-c)\delta}{20-\delta}$ 随 c 的增大而增大，所以制造商直销成本 c 越大，(N,E) 出现的概率越大。其原因是此时的制造商产品优势较小，而零售商的销售优势较大，那么制造商建立直销渠道会使其得不偿失。

当 δ 较小且 d 适中时，自有品牌产品的估值较低，而其生产成本又不低，因而选择放弃入侵，博弈均衡表现为 (E,N)。仅当 δ 较大且 d 较小时，双方均选择入侵，博弈均衡表现为 (E,E)。

此外，若令 $\gamma=\min\left\{\tau_1,\dfrac{2(5-c)\delta}{20-\delta}\right\}$，则 $\dfrac{\partial\gamma}{\partial\delta}>0$。也就是说，随着 δ 的增大，均衡为 (E,E) 的概率增大。这表明，在考虑生产成本的情况下，第 3 章所提

出的观点仍成立。根据第 3 章的推断，一方面，消费者对零售商自有品牌的估值 δ 越高，零售商通过引入自有品牌获得的收益越多，零售商越愿意入侵；另一方面，消费者对零售商自有品牌的估值更高时，零售商会销售更多自己的产品，并减少制造商产品的销售。因此，消费者对零售商自有品牌的估值越高，制造商越需要建立自己的渠道来销售产品。

5.4 成本投资情形下的双边入侵策略

本小节考察存在制造商投资下的双边入侵博弈。首先计算出 NN、NE、EN 和 EE 四种入侵结构下的制造商最优投资水平、批发价格，及其与零售商的最优销量。分析每种入侵情形下制造商投资水平的高低。其次通过比较制造商和零售商在每种入侵结构下的子博弈均衡利润，考察双边入侵博弈的纳什均衡。采用符号 I 表示存在投资的情形，Ij（j＝EE，EN，NE，NN）表示存在制造商成本投资且入侵结构为 j。

5.4.1 IEE 情形子博弈均衡

在 IEE 情形下，制造商投资了新技术来降低产品生产成本，同时制造商与零售商均采取了入侵，双方的利润函数分别为：

$$\prod_{M}^{IEE} = (w^{IEE} - d(1 - x^{IEE}))q_{nr}^{IEE} + (p_{n}^{IEE} - c - d(1 - x^{IEE}))q_{nm}^{IEE} - \frac{1}{2}(x^{IEE})^2$$

$$(5.5)$$

$$\prod_{R}^{IEE} = (p_{n}^{IEE} - w^{IEE})q_{nr}^{IEE} + (p_{s}^{IEE} - d)q_{s}^{IEE}$$

$$(5.6)$$

其中，制造商成本 $d(1-x^{IEE})$ 与投资水平呈负相关关系，即投资水平越高，制造商成本越低；研发费用与投资水平呈正比关系，即投资水平越高，研发费用越高。

采用逆向归纳法求解该子博弈，在给定批发价格 w^{IEE} 和投资水平 x^{IEE} 的情况下，制造商和零售商同时确定各自渠道和各自产品的销量。依据销量反应函数确定制造商的最优投资水平和批发价格。均衡情形下，制造商的最优投资水平见命题 5-1。

命题 5-1　 IEE 情形下，制造商和零售商的最优投资水平如下：存在阈值 τ_2 和 τ_3，若 $0<d\leqslant\tau_2$，则 $x^{IEE}=\dfrac{d(2(1-c)-d)(1-\delta)}{4(1-\delta)-(2-\delta)d^2}$；若 $\tau_2<d\leqslant\max\{\tau_2,\tau_3\}$，则 $x^{IEE}=\dfrac{d(1-c-d)}{2-d^2}$；否则，$x^{IEE}=\dfrac{d(1-d)}{(d+2)(2-d)}$。其中，$\tau_2$ 和 τ_3 的表达式见附录 3 命题 5-1 的证明。

命题 5-1 表明，制造商的投资水平依赖于单位生产成本 d，单位直销成本 c 和估值折扣系数 δ。直觉上，生产成本 d 越高，制造商的投资水平应该越大。然而，投资水平 x^{IEE} 是关于 d 的凸函数，其随 d 的增大先升高后降低。这是因为当 d 极大时，制造商产品的总销量极小，导致在给定的研发难度系数下，降低单位成本所获得的收益难以弥补投入的研发费用。因此，当生产成本极大时，随着 d 的继续增大，企业的研发水平会降低。

有趣的是，x^{IEE} 是关于 δ 的单调增函数，即消费者对零售商自有品牌产品的估值越高质量越高，制造商的投资力度越大。这是因为 δ 越大，制造商产品面临的来自零售商自有品牌产品的竞争压力就越大，那么制造商不得不加大投资力度，以更低的生产成本提升自身的产品竞争力（竞争效应）。还可以发现，x^{IEE} 是关于 c 的单调减函数，即 x^{IEE} 随着 c 的增大而减小。考察制造商产

品总销量与 c 的关系可以发现，$\dfrac{\partial(q_{nm}^{IEE}+q_{nr}^{IEE})}{\partial c}<0$，即总的制造商产品销量随 c 的增大而减小。产品销量越小，制造商投资动力越低（规模效应）。

将最优投资水平代入制造商和零售商的销量反应函数，得到两企业在 IEE 下的最优销量决策，如表 5-2 所示。

表 5-2 IEE 情形下两企业的最优决策

	$0<d\leq\tau_2$	$\tau_2<d\leq\max\{\tau_2,\tau_3\}$	$d>\max\{\tau_2,\tau_3\}$
w^{IEE}	$\dfrac{\varphi_0((19-\delta)d+\varphi_0(5-c)+\varphi_1d^2-5d^3)-4d^3}{(2\varphi_0-(2-\delta)d^2)(10-\delta)}$	$\dfrac{5(1+d-d^2)+3d^2c-c}{5(2-d^2)}$	$\dfrac{2+2d-d^2}{(2-d)(2+d)}$
q_{nr}^{IEE}	$\dfrac{\varphi_0((7+\varphi_0)\varphi_2+2\delta)-8\varphi_3}{2(2\varphi_0-(2-\delta)d^2)(10-\delta)}$	$\dfrac{2c}{5}$	$\dfrac{1-d}{(2+d)(2-d)}$
q_{nm}^{IEE}	$\dfrac{\varphi_0(2+2\varphi_0-(7-\delta)\varphi_2)+(2+\delta)\varphi_3}{(2\varphi_0-(2-\delta)d^2)(10-\delta)}$	$\dfrac{5(1-d)-(7-d^2)c}{5(2-d^2)}$	0
q_s^{IEE}	$\dfrac{4d^3+\delta\varphi_1d^2+\varphi_0(2\delta(5-c)-20d+\delta d+3d^3)}{2\delta(2\varphi_0-(2-\delta)d^2)(10-\delta)}$	0	0

注：$\varphi_0=2(1-\delta)$，$\varphi_1=4+3\varphi_0-c(6-\delta)$，$\varphi_2=d+2c$，$\varphi_3=(2c+d-\delta)d^2$。

再将 IEE 情形下两企业的最优决策代入它们的利润函数，得到：

$$\prod_M^{IEE}=\begin{cases}\dfrac{2B_0^2-B_1^2(10-\delta)^2+\varphi_0B_2(8cd^2+4(2c-\delta)d^2-\varphi_0(10-\varphi_2))}{2(10-\delta)^2(2\varphi_0-(2-\delta)d^2)^2},\ 0<d\leq\tau_2\\[4mm]\dfrac{(9-2d^2)c^2+5(1-d)(1-2c-d)}{10(2-d^2)},\ \tau_2<d\leq\max\{\tau_2,\tau_3\}\\[4mm]\dfrac{(1-d)^2}{2(2+d)(2-d)},\ \max\{\tau_2,\tau_3\}<d\leq\bar{d}\end{cases}$$

（5.7）

$$\prod_{R}^{IEE} = \begin{cases} \dfrac{(B_2\delta + B_3)B_3 - 2\delta(2\varphi_0 - (2-\delta)d^2)((4-\delta)c - 3(d-\delta))B_2}{4\delta(2\varphi_0 - (2-\delta)d^2)^2(10-\delta)^2}, & 0 < d \leqslant \tau_2 \\[3mm] \dfrac{4c^2}{25}, & \tau_2 < d \leqslant \max\{\tau_2,\ \tau_3\} \\[3mm] \dfrac{(1-d)^2}{(2+d)^2(2-d)^2}, & \max\{\tau_2,\ \tau_3\} < d \leqslant \overline{d} \end{cases}$$

$$(5.8)$$

其中，$B_0 = \varphi_0(2 + 2\varphi_0 - (7-\delta)\varphi_2) + (2+\delta)\varphi_3$，$B_1 = d(2(1-c)-d)(1-\delta)$，

$B_2 = \varphi_0((7+\varphi_0)\varphi_2 + 2\delta) - 8\varphi_3$，$B_3 = 4d^3 + \delta\varphi_1 d^2 + \varphi_0(2\delta(5-c) - 20d + \delta d + 3d^3)$。

5.4.2 INN、INE 和 IEN 情形子博弈均衡

由于 INN、INE 和 IEN 三种入侵组合情形可看作 IEE 情形的简化。按照与 IEE 同样的分析过程，便可得到此三种入侵情形下的子博弈均衡。INN、INE 和 IEN 三种情形下的最优投资水平、批发价格和销量分别为：

（1）INN 情形：

$$x^{INN} = \frac{d(1-d)}{(d+2)(2-d)},\quad w^{INN} = \frac{2d(1+d)-d^2}{(d+2)(2-d)},\quad q_{nr}^{INN} = \frac{1-d}{(2+d)(2-d)} \qquad (5.9)$$

（2）INE 情形：

$$x^{INE} = \begin{cases} \dfrac{d(1-\delta)}{2\varphi_0\delta - d^2}, & 0 < d \leqslant \tau_4 \\[3mm] \dfrac{d(1-d)}{4-d^2}, & \tau_4 < d < \overline{d} \end{cases},\quad w^{INE} = \begin{cases} \dfrac{\varphi_0(4d - d^2 + \varphi_0) - 2d^3}{2(2\varphi_0 - d^2)}, & 0 < d \leqslant \tau_4 \\[3mm] \dfrac{1-d}{4-d^2}, & \tau_4 < d < \overline{d} \end{cases}$$

$$(5.10)$$

$$q_{nr}^{INE} = \begin{cases} \dfrac{1-\delta}{4(1-\delta) - d^2}, & 0 < d \leqslant \tau_4 \\[3mm] \dfrac{1-d}{4-d^2}, & \tau_4 < d < \overline{d} \end{cases},\quad q_s^{INE} = \begin{cases} \dfrac{d^2(d-\delta) + \varphi_0(2d-\delta)}{2\delta(2\varphi_0 - d^2)}, & 0 < d \leqslant \tau_4 \\[3mm] 0, & \tau_4 < d < 1 \end{cases}$$

$$(5.11)$$

（3）*IEN* 情形：

$$x^{IEN} = \begin{cases} \dfrac{d(1-c-d)}{2-d^2}, & 0<d\leqslant\tau_3 \\ \dfrac{d(1-d)}{4-d^2}, & \tau_3<d<\bar{d} \end{cases}, \quad w^{EN} = \begin{cases} \dfrac{5(1+d-d^2)+3d^2c-c}{5(2-d^2)}, & 0<d\leqslant\tau_3 \\ \dfrac{2d(1+d)-d^2}{4-d^2}, & \tau_3<d<\bar{d} \end{cases} \tag{5.12}$$

$$q_{nr}^{IEN} = \begin{cases} \dfrac{2c}{5}, & 0<d\leqslant\tau_3 \\ \dfrac{1-d}{4-d^2}, & \tau_3<d<\bar{d} \end{cases}, \quad q_{nm}^{IEN} = \begin{cases} \dfrac{5(1-d)-(7-d^2)c}{5(2-d^2)}, & 0<d\leqslant\tau_3 \\ 0, & \tau_3<d<\bar{d} \end{cases} \tag{5.13}$$

其中，τ_4 的表达式见附录 3。根据以上的均衡结果可知，制造商在每种入侵情形下的投资水平是不同的。那么，可以通过比较不同入侵情形下的投资水平，探查入侵对制造商投资动力的影响。

命题 5-2 比较不同入侵情形下的制造商投资水平可得：①$x^{INE}\geqslant x^{INN}$ 且 $x^{IEE}\geqslant x^{IEN}$；②存在 τ_5 和 τ_6，使当且仅当 $d\geqslant\tau_5$ 时，$x^{IEN}\leqslant x^{INN}$；③当且仅当 $d\geqslant\tau_5$ 或 $\max\{\tau_2,\tau_6\}<d\leqslant\tau_4$ 时，$x^{IEE}\leqslant x^{INE}$。其中，$\tau_5=\dfrac{1-\sqrt{1-2c+4c^2}}{c}$，$\tau_6$ 是 $x^{IEE}=x^{INE}$ 在区间 $d\in(\tau_2,\tau_4)$ 的唯一解。

命题 5-2①表明，制造商在零售商入侵时的投资水平高于无入侵时的投资水平（$x^{INE}\geqslant x^{INN}$），且在双方均入侵时的投资水平高于仅自身入侵时的投资水平（$x^{IEE}\geqslant x^{IEN}$）。也就是说，无论制造商是否入侵，制造商在零售商入侵时的投资水平总是高于无零售商入侵时的投资水平。由此可以推断，零售商品牌入侵能够激励制造商提高投资水平。

根据命题 5-1 的分析，制造商投资水平的高低受到产品竞争的影响。零售商的品牌入侵势必会威胁制造商产品的销售，产生产品间的竞争效应，这迫使制造商为提升自身产品的竞争力而提高投资水平。

然而，根据命题 5-2②，当生产成本 d 较大时，制造商入侵时的投资水平低于无入侵时的投资水平；当 d 较大或适中时，双方均入侵时的投资水平低于仅零售商入侵时的投资水平。也就是说，制造商可能会因采取渠道入侵而降低投资水平。

进一步分析可以发现，阈值 τ_5 和 $\max\ \{\tau_2,\ \tau_6\}$ 随着 c 的增大而减小，而 τ_4 的大小不依赖于 c。因此，直销成本越高，出现 $x^{IEN} \leqslant x^{INN}$ 的概率越大。若让 $c=0$，则 $x^{IEN} > x^{INN}$ 总成立，这与 Yoon（2016）的结论一致。由此可见，制造商销售劣势是造成 $x^{IEN} \leqslant x^{INN}$ 这一情况的驱动因素。

若制造商不存在销售劣势（$c<0$），即直销渠道也是一个高效的销售渠道，那么制造商在直销渠道的边际收益将总是大于零售渠道的边际收益，制造商总是愿意在采取渠道入侵时保持一个更高的投资水平。但若直销渠道具有销售劣势（$c>0$），那么引入一个低效的直销渠道有可能使整体销量下滑。因而，在引入直销渠道下，制造商研发投入可能更少。

逐一得到每种情形下的两企业的最优利润：

（1）INN 情形：

$$\prod{}_{M}^{INN} = \frac{(1-d)^2}{2(4-d^2)},\ \prod{}_{R}^{INN} = \frac{(1-d)^2}{(4-d^2)^2} \tag{5.14}$$

（2）INE 情形：

$$\prod{}_{M}^{IEN} = \begin{cases} \dfrac{5(1-d)(1-d-2c)+(9-2d^2)c^2}{10(2-d^2)}, & 0 < d \leqslant \tau_3 \\[4mm] \dfrac{(1-d)^2}{2(4-d^2)}, & \tau_3 < d \leqslant \bar{d} \end{cases},$$

$$\prod{}_{R}^{IEN} = \begin{cases} \dfrac{4c^2}{25}, & 0 < d \leqslant \tau_3 \\[4mm] \dfrac{(1-d)^2}{(4-d^2)^2}, & \tau_3 < d \leqslant \bar{d} \end{cases} \tag{5.15}$$

（3）*IEN* 情形：

$$\prod{}_{M}^{INE} = \begin{cases} \dfrac{(1-\delta)^2}{8(1-\delta)-2d^2}, & 0 < d \leq \tau_4 \\[3mm] \dfrac{(1-d)^2}{2(4-d^2)}, & \tau_4 < d \leq \bar{d} \end{cases},$$

$$\prod{}_{R}^{INE} = \begin{cases} \dfrac{(\delta-d)B_4 + \delta\varphi_0^2(1+\delta-2d)}{4\delta(2\varphi_0-d^2)^2}, & 0 < d \leq \tau_4 \\[3mm] \dfrac{(1-d)^2}{(4-d^2)^2}, & \tau_4 < d \leq \bar{d} \end{cases} \qquad (5.16)$$

其中，$B_4 = (2\varphi_0 - d^2)((2d-\delta)\varphi_0 + d^3 + \delta d^2) - \varphi_0 \delta d^2$。

5.4.3 存在投资下的入侵博弈均衡

根据前文得到的不同入侵情形下的子博弈均衡，本节分析制造商投资下的双边入侵博弈均衡。制造商和零售商各自以实现自身利润最大化为目标，同时选择是否采取入侵，均衡结果如命题 5-3 所示。

命题 5-3 存在制造商投资下，当 $0 < d \leq \tau_2$ 时，双边入侵博弈的纳什均衡为 (E, E)；当 $\tau_2 < d \leq \max\{\tau_4, \tau_7\}$ 时，纳什均衡 (E, N)；否则，纳什均衡为 (N, N)。其中，τ_7 满足 $\prod{}_{M}^{IEE} = \prod{}_{M}^{INE}$。

命题 5-3 表明，当生产成本 d 较小时，制造商和零售商倾向于选择入侵；反之，两企业倾向于选择放弃入侵，这与无投资情形一致。然而不同的是，在投资情形下，(N, E) 不会成为均衡。进一步分析临界值可以发现，τ_2 是关于 δ 的凸函数。因此，均衡 (E, E) 更可能出现在 δ 适中时；而当 δ 较大或者较小时，(E, N) 更可能成为均衡。也就是说，制造商倾向于在生产成本 d 较小时入侵，而零售商倾向于在 d 较小且 δ 适中时入侵。图 5-3 直观地呈现了制造商成本投资下的入侵博弈均衡。

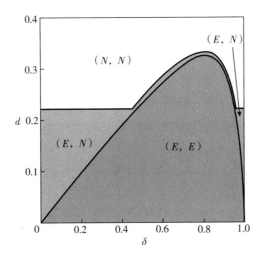

图 5-3　制造商成本投资下的入侵博弈均衡（$c = 0.3$）

与无投资情形下相同，当 δ 较小时，零售商因自有品牌的市场竞争力较弱而放弃入侵。然而，与无投资情形不同的是，当 δ 较大时，零售商也会放弃入侵。原因解释如下：在无投资时，δ 越大，则制造商的产品优势越小，那么零售商入侵的可能性就越大。然而，在制造商进行成本降低投资时，制造商可以通过调整投资水平来改变自身产品竞争力，从而应对零售商的品牌入侵。根据前文的分析，δ 越大，制造商的投资水平越高。一方面，投资水平的提升会加剧竞争，并提升制造商品牌产品的竞争优势；另一方面，投资水平的提升也能增加零售商销售制造商品牌产品所获得的利润，最终使零售商愿意在消费者对自有品牌估值较高时放弃入侵。

以上的分析表明，制造商成本投资能够阻止具有高估值的自有品牌产品入侵制造商的产品市场。或者说，制造商通过成本投资能够阻止零售商引入高质量的自有品牌产品。从实践中可以观察到，市场上多数零售商自有品牌产品的定位相对较低。本章研究为理解此商业现象提供了一个新的角度。

进一步考察制造商的成本降低投资对其渠道入侵选择的影响发现，当 $\max\{\tau_4,\ \tau_7\}<d<\min\left\{\tau_1,\ \dfrac{2(5-c)\delta}{20-\delta}\right\}$ 时，无投资下的博弈均衡表现为 $(E,\ E)$，而投资下的博弈均衡表现为 $(N,\ N)$。也就是说，成本投资不仅能使零售商放弃入侵，还可能使制造商也选择放弃入侵。这是由于无投资下，制造商在成本较高时的入侵是为了应对零售商的品牌入侵，如果零售商愿意放弃品牌入侵，那么制造商也愿意放弃渠道入侵。综上所述，在一定条件下，制造商的投资行为可以阻止双边入侵的发生。

5.5　本章小结

考虑到近年来许多高新技术的出现给制造业创造了提升生产效率和降低生产成本的投资机会，本章研究了制造商降低生产成本的投资行为对其和零售商双边入侵决策的影响。考察了无投资情形下制造商和零售商的入侵策略，发现与第 3 章数值分析部分的结论一致，制造商和零售商均倾向于在生产成本较低时入侵，而在生产成本较高时放弃入侵。无投资下，双边入侵博弈存在四种纯策略纳什均衡：两企业均入侵、两企业均不入侵、仅制造商入侵和仅零售商入侵。同时，消费者对零售商自有产品估值越高，两企业均选择入侵的可能性就越大。一方面，随着消费者对零售商自有产品估值的提高，零售商能够从自有品牌赚取的利润越多，那么零售商越倾向于采取入侵。另一方面，随着消费者对自有品牌产品估值的提高，零售商更倾向于销售更多自己的产品并减少对制造商产品的采购，因而制造商不得不建立自己的渠道来分销产品。所以，在无投资情况下，消费者对自有品牌的估值越高，出现双边入侵的可能性越大。

接着考察了制造商投资情形下的双边入侵问题。研究发现，在制造商投资下，两企业仍然更倾向于在生产成本较低时采取入侵。但是，与无投资情形不同的是，其一，双边入侵博弈仅存在三种均衡：两企业均入侵、两企业均不入侵、仅制造商入侵，不会出现仅零售商入侵的情况。其二，随着消费者对零售商自有品牌估值的提高，双方均入侵的区域先增加后减少。而当消费者对自有品牌估值较高或者较低时，仅制造商入侵更可能成为均衡。通过对比投资和无投资下的双边入侵博弈均衡，可以得到这样的结论：在一定条件下，制造商投资能够阻止双边入侵的发生。具体地说，若消费者对零售商自有产品估值较高，制造商通过投资于降低生产成本，能够使零售商放弃品牌入侵。与此同时，若产品生产成本也较高，制造商也会放弃入侵。

考察不同入侵结构下制造商的投资水平可以发现，制造商在零售商入侵下的投资水平高于无零售商入侵下的投资水平，且消费者对零售商自有产品估值越高，制造商的投资水平越高。一方面，投资水平的提升会加剧竞争，并提升制造商产品的竞争优势。另一方面，投资水平的提升也能增加零售商销售制造商产品所获得的利润。因此，零售商愿意在消费者对其自有产品估值较高时放弃入侵。

高新技术的发展已经掀起了第四次工业革命。这给苹果、华为、特斯拉等企业创造了降低生产成本的新机会，但同时也给供应链上下游企业的运营管理带来了新的挑战。在新形势下，制造商和零售商的最优入侵策略以及投资会给供应链带来什么影响是企业管理者关心的问题。本章的研究发现，制造商可以通过提高投资水平来提高自身产品的竞争力。因此，在投资下，零售商最好放弃入侵或者使用低质量的自有品牌进行入侵。此时，若产品生产成本也较高时，那么制造商不必为应对零售商的品牌入侵而采取渠道入侵。如此而言，在工业 4.0 时代，制造商和零售商应该更加谨慎地实施入侵。而对于一些已经采取了入侵的企业，也应重新考虑是否停止这一行为。

第6章 基于零售商平台的双边入侵及开放平台的影响

前几章考察了制造商和传统零售商的双边入侵博弈。本章将考察制造商和网络零售商的双边入侵博弈，并研究网络零售商开放平台对双边入侵决策的影响。在由制造商和网络零售商组成的供应链中，如果零售商开放平台，那么存在两种直销方式供制造商选择：通过入驻零售商平台直销或通过建立官方网站直销。如果制造商选择通过零售商平台直销，则将此时的双边入侵称为基于零售商平台的双边入侵；如果制造商选择通过自建网站直销，则将此时的双边入侵称为基于自建网站的双边入侵。由于基于自建网站的双边入侵类似于第3章所刻画的制造商和传统零售商的双边入侵，因此本章仅构建基于网络零售平台的双边入侵模型，得到基于平台的双边入侵博弈均衡。再将所得的均衡结果与基于自建网站的双边入侵进行比较，考察零售商开放平台下制造商的入侵方式选择以及零售商开放平台对双边入侵决策的影响。

6.1　引　言

信息技术的发展不仅让制造商有机会建立直销网站，同时也改变了部分网络零售商的销售模式。相较于以转售作为主要经营模式的传统零售商，网络零售商一方面转售制造商的产品，另一方面也逐渐开始开放其销售平台，允许制造商以缴纳佣金的方式在其平台开设直营店铺直接面向消费者销售产品（李佩等，2019）。例如，京东、亚马逊、当当等电子零售巨头均采取了这一做法。如此而言，在由制造商和网络零售商组成的供应链中，制造商有了新的入侵方式，即通过入驻网络零售商平台直接面向消费者销售。相较于制造商自建网站直销，通过零售商平台直销则有所不同：其一，虽然制造商借助零售商平台直销产品会侵占零售商的消费市场，但零售商可以获得制造商租用平台的佣金。其二，制造商可以借助零售商平台的客户流量和信用体系等提升销售效率。例如，制造商能够借助京东的大数据分析实现精准营销，实现可度量的低成本和高回报的营销沟通①。与此同时，近年来，许多网络零售商也正在发展自有品牌。例如，京东打造了佳佰、惠寻等自有品牌，与其他制造商产品竞争。因此，有必要进一步考察网络零售商开放平台下的基于零售商平台的双边入侵博弈，并分析零售商开放平台对双边入侵决策的影响。

本章涉及两方面的研究：开放平台和销售模式。已有关于零售商开放平台的研究考察了零售商开放平台的动机，如议价地位和获取需求信息等（Jiang等，2011；Mantin 等，2014）。不同于这些研究，本章关注基于零售商开放平

---

① https：//fw. jd. com/main/detail/FW_GOODS-549810？ rdct=true.

台下的制造商和零售商的双边入侵博弈。此外，李佩等（2019）考察了一个引入自有品牌的零售商的平台开放选择，但是他们的模型假设开放平台后，若制造商通过平台直销，那么零售商就不再采购制造商产品进行转售。笔者对京东、亚马逊、当当等进行观察后发现，这些企业在开放平台后，仍保留了零售渠道。因此，在本章的研究中，制造商通过平台直销的同时，零售商仍然采购制造商产品并进行转售，零售渠道仍然保留。在实践中，即便零售商开放平台，制造商仍可以通过自建网站来直销产品，因此本章将进一步考察开放平台下制造商面对不同直销方式时的最优选择。

已有关于销售模式的研究文献往往将制造商入驻零售商平台产品的销售方式称为代理销售模式或市场模式，并将其与转售模式作比较，考察制造商或零售商对此两种销售模式的偏好（Hagiu 和 Wright，2015；Abhishek 等，2016；Kwark 和 Raghunathan，2017；Tian 等，2018）。然而，根据对现实的观察，制造商在入驻零售商平台后，仍然由其自身负责产品的销售。那么，在本质上，这种销售模式仍然是制造商直销模式（Hagiu 和 Wright，2015）。正如，在京东平台上，制造商的店铺简介是品牌直营官方旗舰店，且制造商开设的直营店势必会分走部分京东自营的顾客。基于此，本章将构建基于零售商平台的双边入侵博弈模型，将所得到的均衡结果与基于制造商自建网站的双边入侵作对比，考察零售商开放平台下制造商的入侵方式选择以及零售商开放平台对双边入侵的影响。

6.2　问题描述与模型建立

在由制造商和开放平台的网络零售商两个参与者构成的垂直供应链中，零售商从制造商处购买制造商品牌产品，然后转售给市场上的最终消费者。此外，制造商可以通过在零售商平台开设官方直营店直接面向消费者销售，涉足销售业务。与此同时，零售商也可以开发和销售自有品牌产品，涉足产品业务。图6-1展示了基于网络零售商平台的双边入侵供应链结构。

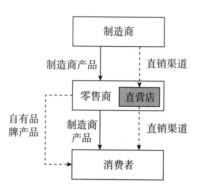

图6-1 基于网络零售商平台的双边入侵供应链结构

接下来，构建基于零售商平台的双边入侵的需求模型。有关消费者对两种产品的估值的假设与第3章相同，假设市场上存在规模为1的消费者对制造商产品的估值为 $v(v \sim U[0, 1])$，对零售商自有品牌产品的估值为 δv。其中，v 服从 $[0, 1]$ 的均匀分布，$\delta \in (0, 1)$ 衡量消费者在多大程度上认为自有品牌产品是制造商产品的可替代品。根据消费者对两种产品的估值，推导得到两种产品的线性逆需求函数如下：

$$p_n^T = 1 - q_n^T - \delta q_s^T \tag{6.1}$$

$$p_s^T = \delta(1 - q_n^T - q_s^T) \tag{6.2}$$

符号"T"标识借助零售商平台的双边入侵，$q_n^T = q_{nm}^T + q_{nr}^T$。$p_n^T$、$p_s^T$、$q_n^T$ 和 q_s^T 分别表示两种产品的市场出清价格和销量，$q_{nm}^T(q_{nr}^T)$ 表示制造商借助平台直销（通过零售商转售）的产品数量。

由于在第3章的模型中设置制造商在自建网站上的单位销售成本为 c（$0<$

$c<1$），因此为了刻画制造商借助零售商平台销售能够节省直销成本这一特点，本章假设两企业的单位产品销售成本均为0。此外，与第3章相同，设两种产品的单位生产成本相同并归一化为零。那么，在基于零售商平台的双边入侵中，制造商和零售商的利润函数可表示为：

$$\prod_M^T = w^T q_{nr}^T + (1-\lambda) p_n^T q_{nm}^T \tag{6.3}$$

$$\prod_R^T = (p_n^T - w^T) q_{nr}^T + \lambda p_n^T q_{nm}^T + p_s^T q_s^T \tag{6.4}$$

制造商利润有两项来源：第一项来自于现有供应链，第二项来自于渠道入侵。零售商利润有三项来源：第一项来自于现有供应链，第二项来自于制造商缴纳的佣金，第三项来自于自有品牌。其中，λ（$0<\lambda<1$）表示制造商租借平台的佣金费率，为外生变量（Geng 等，2018；Hao 和 Tan，2019；Qin 等，2020）。由于实践中如京东、天猫等许多网络零售商均是按照销售额比例提取佣金，因此制造商需要向零售商缴纳的总佣金额表示为 $\lambda p_n^T q_{nm}^T$。

在基于零售商平台的双边入侵博弈中，制造商和零售商的决策顺序如下：在第0阶段，两企业同时制定入侵策略；在第1阶段，制造商决定批发价格 w^T；在第2阶段，制造商和零售商同时决定产品销量。最后需求得以实现，所有产品以出清价格销售给终端消费者。

接下来，将在第6.3节推导基于网络零售商平台的双边入侵的博弈均衡。在第6.4节对比基于平台的双边入侵和基于自建网站的双边入侵的均衡结果，考察制造商对两种入侵方式的选择，从而分析开放平台对双边入侵的影响。

6.3 均衡分析

本节求解双边入侵博弈均衡。根据两企业的选择，存在 *NN*、*NE*、*EN* 和

EE 四种可能的入侵情形。其中，第一个（第二个）字母表示制造商（零售商）的选择，E 表示入侵，N 表示不入侵，Tj（$j=EE$，EN，NE，NN）表示基于平台的入侵结构 j。给定两企业的入侵选择，逐一推导出每种入侵情形下的子博弈均衡。

6.3.1　TEE 情形子博弈均衡

在 TEE 情形下，制造商采取了渠道入侵，在零售商销售平台上开设了直营店，即 $q_{nm}^{T} \geq 0$；零售商也采取了品牌入侵，打造了自有品牌，即 $q_{s}^{T} \geq 0$。运用逆向归纳法分析该子博弈中两个参与者之间的互动，对于给定的批发价格 w^{TEE}，制造商确定 $q_{nm}^{TEE}(w^{TEE})$，同时，零售商确定 $q_{nr}^{TEE}(w^{TEE})$ 和 $q_{s}^{TEE}(w^{TEE})$，得到：

（1）如果 $w^{TEE} \leqslant \dfrac{2(1-\lambda)(1-\delta)}{4-\delta(1+\lambda)}$，则 $q_{nr}^{TEE}(w^{TEE}) = \dfrac{(4-\delta(1+\lambda))w^{TEE}+2(1-\lambda)(1-\delta)}{2(1-\delta)(3-\lambda)}$，

$q_{s}^{TEE}(w^{TEE}) = \dfrac{w^{TEE}}{2(1-\delta)}$ 且 $q_{nm}^{TEE}(w^{TEE}) = \dfrac{1+w^{TEE}}{3-\lambda}$。

（2）如果 $\dfrac{2(1-\lambda)(1-\delta)}{4-\delta(1+\lambda)} < w^{TEE} \leqslant 1-\delta$，则 $q_{nr}^{TEE}(w^{TEE}) = 0$，$q_{s}^{TEE}(w^{TEE}) =$

$\dfrac{w^{TEE}}{2(1-\delta)}$ 且 $q_{nm}^{TEE}(w^{TEE}) = \dfrac{1+\delta-w^{TEE}}{(1-\delta)(1+\lambda)}$。

根据销量反应可以确定制造商的产品批发价格 w^{TEE}。引理 6-1 描述了两企业在 EE 情形下的最优批发价格和销量决策。

引理 6-1　在 EE 情形下，制造商和零售商的两企业的决策如下：

$$w^{TEE} = \frac{(1-\lambda)(5-\lambda)(1-\delta)}{10-\delta-2\lambda-4\delta\lambda+\delta\lambda^2}, \quad q_{nm}^{TEE} = \frac{5-\lambda-2\delta}{10-\delta-2\lambda-4\delta\lambda+\delta\lambda^2} \tag{6.5}$$

$$q_{nr}^{TEE} = \frac{\delta(1-\lambda)^2}{2(10-\delta-2\lambda-4\delta\lambda+\delta\lambda^2)}, \quad q_{s}^{TEE} = \frac{(1-\lambda)(5-\lambda)}{2(10-\delta-2\lambda-4\delta\lambda+\delta\lambda^2)} \tag{6.6}$$

引理 6-1 表明，在基于平台的双边入侵下，制造商一旦选择入侵，直销渠道就会产生实际的销售。其原因是制造商通过零售商平台进行直销能够借助零售商平台的销售优势，使其直销的边际收益始终大于 0。因此，若建立了直销渠道，就不会出现不销售产品的情况。

根据分析，佣金费率 λ 越大，则 w^{TEE} 越小。这是因为，λ 越大，制造商从直销中获得的收益就越少，进而就越希望提升零售渠道产品的销量。因此，若 λ 增大，那么制造商会通过降低产品批发价格的方式来促进零售商增加对其产品的采购。

但实际上，佣金费率 λ 越大，零售商就越希望直销渠道的销量增长。因此，零售商会通过减少对制造商产品的采购和自有产品的销售，以提升平台上的制造商直营店的销量。因此最终使 q_{nr}^{TEE} 和 q_s^{TEE} 与 λ 呈负相关关系，而 q_{nm}^{TEE} 与 λ 呈正相关关系。

此外，随着消费者对自有品牌产品估值 δ 的提高，w^{TEE} 和 q_{nr}^{TEE} 减小，而 q_{nm}^{TEE} 和 q_s^{TEE} 增大。解释如下：消费者对零售商自有品牌产品估值的提高会促使零售商增加自有品牌的销售，而减少对制造商产品的采购。而由于零售商采购量的缩减，制造商不得不通过下调批发价格来激励零售商增加大对其产品的采购，同时提升直销渠道的产品销量。

根据两企业在 TEE 情形下的最优批发价格和销量决策，得出两企业在 TEE 情形下的最优利润：

$$\prod_M^{TEE} = \frac{(1-\lambda)(5-\lambda-\delta(3-\lambda))}{2(10-2(2\delta+1)\lambda-\delta(1-\lambda^2))} \tag{6.7}$$

$$\prod_R^{TEE} = \frac{4\lambda(5-\lambda)^2+(5-\lambda)(5-15\lambda-9\lambda^2+3\lambda^3)\delta+(11-44\lambda+74\lambda^2-28\lambda^3+3\lambda^4)\delta^2}{4(10-2(2\delta+1)\lambda-\delta(1-\lambda^2))^2}$$

$$\tag{6.8}$$

6.3.2　*TEN* 情形子博弈均衡

在仅制造商采取入侵而零售商放弃入侵的 *TEN* 情形下，给定批发价格 w^{TEN}，两企业确定各自的最优销量 $q_{nm}^{TEN}(w^{TEN})$、$q_{nr}^{TEN}(w^{TEN})$，如下：

$$q_{nm}^{TEN}(w^{TEN})=\begin{cases}\dfrac{1+w}{3-\lambda}, & w^{TEN}<\dfrac{1-\lambda}{2}\\[3mm]\dfrac{1}{2}, & w^{TEN}\geq\dfrac{1-\lambda}{2}\end{cases}, \quad q_{nr}^{TEN}(w^{TEN})=\begin{cases}\dfrac{1-\lambda-2w}{3-\lambda}, & w^{TEN}<\dfrac{1-\lambda}{2}\\[3mm]0, & w^{TEN}\geq\dfrac{1-\lambda}{2}\end{cases} \quad (6.9)$$

通过预测销量情况确定制造商最优批发价格 $\overline{w}^{EN}$，得到最优的批发价格和销量决策，如引理 6-2 所示。

引理 6-2　*EN* 情形下，$q_s^{TEN}=0$ 且 $w^{TEN}=\dfrac{1-\lambda}{2}$，$q_{nm}^{TEN}=\dfrac{1}{2}$，$q_{nr}^{TEN}=0$。

由引理 6-2 可以发现，制造商入侵将使零售渠道的销量为 0。其背后的原因是：分散决策的零售商渠道存在双重边际效应，而集中决策不存在此效应。具体的解释如下：根据销量反应函数，制造商可选择制定一个较低的批发价格 $\left(w^{TEN}\geq\dfrac{1-\lambda}{2}\right)$，使零售商不采购任何的制造商产品，即 $q_{nr}^{TEN}(w^{TEN})=0$；也可选择设定一个较低的批发价格 $\left(w^{TEN}<\dfrac{1-\lambda}{2}\right)$，使零售商采购并销售其产品，即零售渠道的销量 $q_{nr}^{TEN}(w^{TEN})=\dfrac{1-\lambda-2w}{3-\lambda}$。然而，一个较低的批发价格虽然可以保留零售渠道的销售，即 $q_{nr}^{TEN}(w^{TEN})>0$，但在零售渠道双重边际效应的作用下，会让制造商得不偿失。因此，制造商宁愿放弃零售渠道，也不愿意制定较低的批发价格。值得注意的是，即便佣金费率 λ 极大，制造商也会制定一个较高的批发价格，以使直销渠道获取全部市场份额。因为在约束 $w^{TEN}<\dfrac{1-\lambda}{2}$ 下，λ 越大，制造商制定的批发价格越低。

由引理 6-2 所得到的均衡结果表明，如果零售商开放其销售平台而允许制造商通过平台直销，且零售商不发展自有品牌，那么最终可能使零售商从转售模式转向仅提供销售平台的代理模式。在实践中，电商巨头淘宝正是这样的运营模式。而京东、亚马逊这样的拥有许多自有品牌的电子零售商，其在开放平台的同时还采购制造商产品转售给消费者。

根据以上分析得到的 *TEN* 情形下的最优批发价格和销量决策，便可得出制造商和零售商在 *TEN* 情形下的最优利润：

$$\prod\nolimits_{M}^{TEN} = \frac{1-\lambda}{4}, \quad \prod\nolimits_{R}^{TEN} = \frac{\lambda}{4} \tag{6.10}$$

6.3.3 *TNN*、*TNE* 情形子博弈均衡

按照与 *TEE* 同样的分析过程，可以得到 *TNN* 和 *TNE* 两种情形下的子博弈均衡批发价格和销量决策，如下所示：

（1）在 *TNN* 情形下，$w^{TNN} = \frac{1}{2}$，$q_{nm}^{TNN} = 0$，$q_{nr}^{TNN} = \frac{1}{4}$，$q_{s}^{TNN} = 0$。

（2）在 *TNE* 情形下，$w^{TNE} = \frac{1-\delta}{2}$，$q_{nm}^{TNE} = 0$，$q_{nr}^{TNE} = \frac{1}{4}$，$q_{s}^{TNE} = \frac{1}{4}$。

根据 *TNN* 和 *TNE* 情形下的均衡决策，制造商和零售商在此两种情形下的均衡利润分别为：

$$\prod\nolimits_{M}^{TNN} = \frac{1}{8}, \quad \prod\nolimits_{R}^{TNN} = \frac{1}{16} \tag{6.11}$$

$$\prod\nolimits_{M}^{TNE} = \frac{1-\delta}{8}, \quad \prod\nolimits_{R}^{TNE} = \frac{1-\delta}{16} \tag{6.12}$$

6.3.4 入侵博弈均衡

基于前文得到的每种入侵结构的子博弈均衡以及制造商和零售商的均衡利

润，本节分析制造商与零售商的入侵策略。制造商和零售商均以实现自身利润最大化为目标，同时选择是否采取入侵，均衡结果如命题 6-1 所示。

命题 6-1 存在阈值 $\delta_1 = \dfrac{18\lambda - 1 - 5\lambda^2 - \sqrt{(41 - 46\lambda + 9\lambda^2)(1+\lambda)^2}}{8\lambda + 2(1-\lambda)(1+\lambda)}$，使当 $\delta > \delta_1$ 时，双边入侵博弈的纳什均衡为 (E, E)；否则，纳什均衡为 (N, E)。

命题 6-1 表明，制造商选择在消费者对零售商自有品牌估值 δ 较高时入侵，否则放弃入侵。这一结果在定性上与基于自建网站的双边入侵的均衡相同。其原因是：估值折扣系数越大，零售商越倾向于销售更多的己方产品，而减少对制造商产品的采购。那么，制造商不得不在零售商平台上开设直营店，直接销售产品。并且，临界值 δ_1 满足 $\dfrac{\partial \delta_1}{\partial \lambda} > 0$。也就是说，佣金越高，制造商入侵的收益越低，制造商越可能放弃入侵，这与直觉一致。

在基于平台的双边入侵中，零售商仍然会建立自有品牌。这表明，即使零售商能够分享部分制造商直销业务的收益，零售商也会采取品牌入侵。零售商并没有因为开放平台而放弃引入自有品牌。这一结论符合对现实的观察，如京东、亚马逊等网络零售商虽然开放其平台，让制造商直接在其平台销售产品，但京东和亚马逊也建立了自有品牌与制造商竞争。值得注意的是，本章的研究结果依赖于制造商和零售商生产成本均为 0 的假设。但根据第 3 章的数值分析和第 5 章的解析不难推测，若放松这一假设，零售商可能会在自有品牌生产成本较高时放弃入侵。但是，由于模型的复杂性，本章将在 6.6 节的数值研究部分讨论不同生产成本结构下的双边入侵情况。

命题 6-2 相较于无入侵，双边入侵的影响如下：存在阈值 $\delta_2 = \dfrac{2(5 - 11\lambda + 2\lambda^2)}{11 - 20\lambda + 5\lambda^2}$

和 $\delta_3 = \dfrac{2(5-\lambda)\left((1-\lambda)\sqrt{(79 - 330\lambda + 280\lambda^2 - 86\lambda^3 + 9\lambda^4)} - (6 - 11\lambda - 10\lambda^2 + 3\lambda^3)\right)}{43 - 184\lambda + 282\lambda^2 - 104\lambda^3 + 11\lambda^4}$，使得：

（1）当 $\delta \leq \delta_2$ 时，双边入侵对制造商有利，而对零售商不利。

（2）当 $\delta_2 < \delta \leq \delta_3$ 时，双边入侵对制造商和零售商均有利。

（3）当 $\delta > \delta_3$ 时，双边入侵对零售商有利，而对制造商不利。

命题6-2表明，基于零售商平台的双边入侵对制造商和零售商的影响取决

于 δ 和 λ 的大小。其中，阈值 δ_2 和 δ_2 满足 $\dfrac{\partial \delta_2}{\partial \lambda} < 0$ 和 $\dfrac{\partial \delta_3}{\partial \lambda} < 0$。当 δ 和 λ 较小时，

即零售商自有品牌的存在对制造商产品构成的威胁较小且零售商能从制造商直销业务中获得的收益也较少，那么双边入侵对制造商有利，而对零售商不利（见图6-2中的 *win-lose* 区域）。当 λ 或 δ 较大时，即自有品牌的存在对制造商产品构成的威胁较强且零售商能从制造商直销业务中获得的利润也较多，那么双边入侵对零售商有利，而对制造商不利（见图6-2中的 *lose-win* 区域）。当 λ 和 δ 适中时，即自有品牌的存在对制造商的威胁适中且零售商能够从制造商直销业务中分得的利润也适中，那么双边入侵对零售商和制造商均有利，供应链处于最优运行状态（见图6-2中的 *win-win* 区域）。

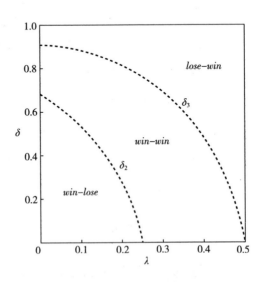

图6-2 基于平台的双边入侵对制造商和零售商的影响

可以发现，基于零售商平台的双边入侵在均衡下不会使两企业陷入双输局面。原因如下：首先，制造商以入驻零售商平台的方式入侵需要向零售商缴纳佣金。因此，相较于制造商自建网站的入侵方式，这一入侵方式对零售商更为友好，竞争更加缓和。其次，制造商以入驻平台的方式入侵能够利用零售商的销售平台，节省销售成本；再通过佣金的方式与零售商分享节省下来的费用，这同样对制造商和零售商双方均有利。由此可见，借助零售商平台直销避免了制造商通过自建网站销售时的供应链效率低下的状况。

在实践中，建立和推广网络销售平台会产生巨额的固定成本。对于许多制造商来说，在前期投入巨额费用来打造和推广网络销售平台是不经济的。并且，许多制造商即使建立了官方商城，但由于商城推广和运营的失败，直销渠道仍然没能产生实际的销售。对于这部分制造商来说，通过在零售商平台设立直营店成为它们的首选。但是，也有部分企业有能力和资金建立自己的直销网站。那么对于此部分制造商来说，选择何种方式入侵成为它们需要考虑的问题。因此，接下来将考察开放平台下制造商的入侵方式选择，并分析零售商开放平台的影响。

6.4　制造商的入侵方式选择和开放平台的影响

显然，若零售商不开放平台，那么制造商只有一种入侵方式选择，即通过自建网站入侵；若零售商开放平台，那么制造商有两种入侵方式选择，即通过自建网站入侵或者通过零售商平台入侵。但无论是否开放平台，零售商的品牌入侵选择不变，其只可能改变制造商的入侵选择。虽然现实中有部分企业同时采用这两种方式，但由于模型的复杂性，本章假设制造商仅选择其中一种方式来实现直接销售，从而窥探开放平台是否能改变两企业的入侵策略。由于第3章的研究已经得到了基于制造商自建网站的双边入侵博弈均衡，那么，仅需对比制造商在两种双边入侵博弈下的均衡利润，便可得到开放平台下制造商的最优入侵方式选择。基于制造商的入侵方式选择，分析零售商开放平台对双边入侵决策的影响。

回顾第3章得到的基于制造商自建网站的双边入侵均衡，存在阈值 $t_1 = \dfrac{10-2\delta-(1-\delta)\sqrt{10-\delta}}{2(9-\delta)}$，使当 $c \leqslant t_1$ 时，双边入侵博弈的纳什均衡为 (E, E)；否则，纳什均衡为 (N, E)。为了便于与基于平台的双边入侵进行对比，令：

$$\delta_4 = \frac{8c-4c^2-1+(2c-1)\sqrt{41-12c+4c^2}}{2}$$

其中，$\delta = \delta_4$ 等价于 $c = t_1$。比较制造商在两种双边入侵下的均衡利润，得到如命题6-3所示的结论。

命题6-3 开放平台下，存在阈值 δ_5，使：

（1）若 $c \leqslant \dfrac{10-\sqrt{10}}{18}$，制造商在 $\delta \leqslant \delta_5$ 时自建网站，在 $\delta > \delta_5$ 时入驻零售商平台。

（2）若 $\dfrac{10-\sqrt{10}}{18} < c \leqslant \dfrac{1}{2}$，制造商在 $\delta \leqslant \min\{\delta_1, \delta_4\}$ 时放弃入侵，在 $\delta_4 < \delta \leqslant \delta_5$ 时自建网站，在 $\delta > \max\{\delta_1, \delta_5\}$ 时入驻零售商平台。

（3）若 $c > \dfrac{1}{2}$，制造商在 $\delta \leqslant \delta_1$ 时放弃入侵，在 $\delta > \delta_1$ 时入驻零售商平台。

其中，$\delta_5 = \dfrac{c(30-19c)-2(30-18c+17c^2)\lambda+(16-10c+9c^2)\lambda^2+\sqrt{X_1 X_2}}{2(c(2-c)-\lambda(4-\lambda)(4-2c+c^2))}$，$X_1 =$

$c^2 - 2c(19c - 16)\lambda + (9c^2 - 8c + 4)\lambda^2$，$X_2 = (10 - c)^2 - 2(19c^2 - 28c + 60)\lambda + 3(3c^2 - 4c + 8)\lambda^2$。

图 6-3 中的三个图形依次对应命题 6-3 中所列的三种情况。研究表明，若 c 较小，制造商总是会选择入侵，具体如图 6-3（a）所示，但其入侵方式依赖于 δ 和 λ 的大小。比较制造商在两种双边入侵下的均衡利润，不难得出，当 $\delta \leqslant \delta_5$ 时，$\prod_M^{TEE} \leqslant \prod_M^{EE}$；当 $\delta > \delta_5$，$\prod_M^{TEE} > \prod_M^{EE}$。并且，仅当 $\lambda > \dfrac{c(10 - 9c)}{5}$ 时，阈值 $\delta_5 > 0$。换而言之，若 c 和 λ 均较小，制造商总是会选择通过零售商平台直销产品。若 c 较小而 λ 较大，那么制造商会在 δ 较小时，通过自建网站来直销产品；而在 δ 较大时，仍然通过零售商平台直销产品。可以发现，虽然两种方式入侵均需要制造商付出一定的代价（即付出直销成本或佣金），但制造商更倾向于选择通过零售商平台入侵。其原因是：若制造商通过零售商平台入侵，零售商可以从制造商的直销中获得租用平台的佣金，共享直销渠道的收益可以缓和两种产品之间的竞争。尤其当零售商自有品牌产品对制造商产品的威胁较大时（δ 较大），即便佣金费率较高，制造商也愿意通过零售商平台直销。由此可见，引入自有品牌能够作为零售商的一个战略，以促使制造商从自建网站直销转向通过其平台直销。

命题 6-3 还表明，当 c 适中或者较大时，制造商可能在 δ 较小时放弃入侵，具体如图 6-3（b）和图 6-3（c）所示。因为在 δ 较小时，随着成本 c 的增加，制造商自建网站的销售成本也增加，所以从自建直销渠道入侵转向放弃入侵。但由于仅当 $\lambda > \dfrac{1}{2}$ 时，阈值 $\delta_1 > 0$。因此，在佣金费率较小时 $\left(\lambda \leqslant \dfrac{1}{2}\right)$，制造商总是会选择通过零售商平台直销。但若佣金费率较大 $\left(\lambda > \dfrac{1}{2}\right)$，那么制造商仅会在 δ 较大，即零售商自有品牌的威胁较大时，选择入侵。

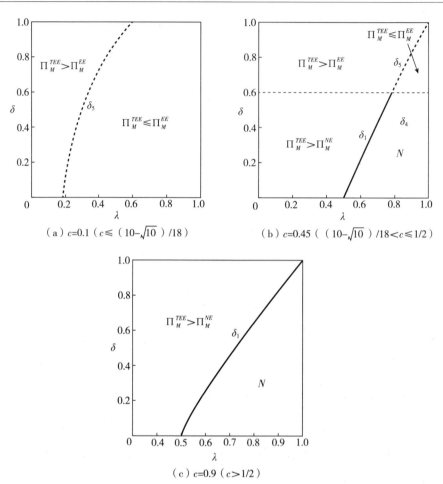

（a）$c = 0.1$（$c \leqslant (10 - \sqrt{10})/18$）

（b）$c = 0.45$（$(10 - \sqrt{10})/18 < c \leqslant 1/2$）

（c）$c = 0.9$（$c > 1/2$）

图6-3　给定零售商开放平台时，制造商的入侵方式选择

推论6-1　若 $\delta_1 < \delta < \delta_4$，零售商开放平台使原本放弃入侵的制造商转向通过其平台入侵；若 $\max\{\delta_1, \delta_4, \delta_5\} < \delta < 1$，零售商开放平台使原本通过自建网站入侵的制造商转向通过其平台入侵。

若零售商不开放平台，那么制造商只能通过自建网站的方式入侵；若零售商开放平台，那么制造商有两种入侵方式选择。对比可以发现，若 $\delta_1 < \delta < \delta_4$，

即图 6-2 中 $\prod_M^{TEE} > \prod_M^{NE}$ 所示区域，制造商在零售商不开放平台时的选择是放弃入侵，在零售商开放平台时的选择是通过零售商平台入侵。那么，此时零售商开放平台会使制造商从不入侵转向通过零售商平台入侵。但值得注意的是，$\delta_1 < \delta < \delta_4$ 仅在 c 较大时非空。若 $\max\{\delta_1, \delta_4, \delta_5\} < \delta < 1$，即图 6-2 中 $\prod_M^{TEE} > \prod_M^{EE}$ 所示区域，制造商在零售商不开放平台时的选择是通过自建网站入侵，在零售商开放平台时的选择是通过零售商平台入侵。那么，在此条件下，零售商开放平台会使制造商从自建网站转向通过零售商平台入侵。但值得注意的是，$\max\{\delta_1, \delta_4, \delta_5\} < \delta < 1$ 仅在 c 较小时非空。在除此之外的其他条件下，零售商的平台开放不会影响制造商的入侵选择。

由于零售商仅存在一种入侵方式，因此零售商开放平台只可能影响自身是否入侵的选择。对比两种双边入侵均衡，在两种产品的生产成本相同且为 0 的假设下，零售商均选择了入侵。但这一结果是在两种产品的生产成本相同且为 0 的假设下得到的。因此，接下来将放松这一假设，探索生产成本大于 0 时，开放平台对零售商入侵选择的影响。由于模型的复杂性，将通过数值分析来考察这一问题。

6.5　数值分析

本节采用数值分析的方式进一步考察生产成本大于 0 时基于平台的双边入侵策略以及开放平台对双边入侵决策的影响。假设制造商和零售商的单位生产成本分别为 d 和 e。根据广泛的数值研究，发现与猜测一致，在基于平台的双边入侵博弈中，当生产成本大于 0 时，零售商可能会放弃入侵。并且，生产成本越高，放弃入侵的可能性越大。

为了便于与第3章中的数值分析进行对照，本章展示了 $d=0.3$，$e=0.1$ 和 $d=0.3$，$e=0.2$ 两组数值下的入侵均衡，具体如图6-4所示。可以发现，与基于自建网站的双边入侵不同，在基于平台的双边入侵中，当 δ 较小时，可能出现均衡 (N, N)。而在基于自建网站的双边入侵中，当 δ 较小时，均衡为 (E, N)。存在这一差异的原因是：在没有零售商入侵的情况下，若制造商通过自建网站入侵，那么在战略上，直销渠道可以作为一种战略威胁，诱使零售商销售更多制造商产品，从而即使直销渠道没有实际地销售产品，也能间接地为制造商创造收益（Chiang 等，2003）。因此，在基于自建网站的双边入侵中，不会出现 (N, N) 这一种均衡。但若制造商通过零售商平台入侵，那么借助零售商平台搭建的直销渠道并不能够作为有效的威胁来诱导零售商销售更多制造商产品。因此，当佣金费率较大时，制造商的最优选择是放弃入侵，最终出现 (N, N) 的均衡。

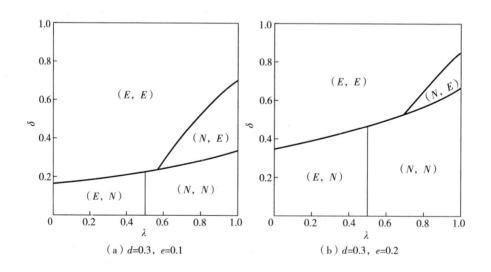

（a）$d=0.3$，$e=0.1$ （b）$d=0.3$，$e=0.2$

图6-4　考虑生产成本时基于零售商平台的双边入侵博弈均衡

研究零售商开放平台对双边入侵的影响。若零售商开放平台，其自身可以选择入侵或不入侵，制造商可以选择通过平台入侵、自建网站入侵或者放弃入侵。在这里，为了区别制造商的两种入侵方式，用 E 表示制造商自建网站入侵，E^T 表示制造商通过零售商平台入侵。令 $d=0.3$、$e=0.1$、$c=0.1$ 和 $d=0.3$、$e=0.1$、$c=0.5$，得到两组零售商开放平台下制造商和零售商的最优入侵选择，具体如图 6-5 所示。可以看到，在区域 Ⅰ 和区域 Ⅱ 内，制造商和零售商双方的选择表现为（E^T，E），即制造商选择通过平台入侵且零售商也选择入侵。在剩余区域内，制造商可能通过自建网站入侵或放弃入侵，零售商可能入侵或放弃入侵，表现为（E，E）、（N，E）或（E，N）。若零售商不开放平台，只可能出现（E，E）、（N，E）或（E，N）此三种选择组合。

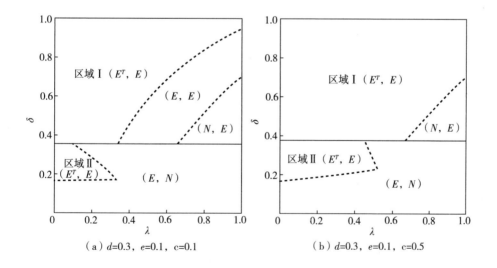

（a）$d=0.3$，$e=0.1$，$c=0.1$　　　　　（b）$d=0.3$，$e=0.1$，$c=0.5$

图 6-5　考虑生产成本时制造商和零售商的最优入侵选择

通过对比发现，仅在区域 Ⅰ 和区域 Ⅱ，零售商开放平台会影响双方的选择。具体地说，在图 6-5（a）的区域 Ⅰ 内，即 c 和 λ 较小且 δ 较大，若不开放平台，制造商和零售商双方的选择表现为（E, E）；若零售商开放平台，双方的选择表现为（E^T, E）。那么，此时开放平台使制造商从自建网站入侵转为通过平台入侵。在图6-5（b）的区域Ⅰ，即 c 和 δ 较大且 λ 较小，若不开放平台，双方的选择表现为（N, E）；若零售商开放平台，双方的选择表现为（E^T, E）。那么，此时开放平台使制造商从不入侵转为通过平台入侵。在图6-5（a）的区域Ⅱ和图6-5（b）的区域Ⅱ，即 λ 较小且 δ 适中，若零售商不开放平台，双方的选择表现为（N, E）；若零售商开放平台，双方的选择表现为（E^T, E）。那么，此时开放平台使制造商从自建网站入侵转为通过平台入侵，同时零售商会从不入侵转为入侵。以上的分析表明，在生产成本大于0时，主体模型关于开放平台对制造商入侵策略的影响的分析仍然成立，即开放平台使制造商从无入侵或是自建网站入侵转为通过平台入侵。同时还表明，在生产成本大于0时，开放平台也会对零售商的入侵策略有影响，即原本无自有品牌的零售商可能在开放平台后引入自有品牌。观察商业实践中的网络零售商可以发现，亚马逊和京东正是在平台过渡后，引入了自有品牌。

6.6 扩展分析

在实践中，消费者从网络零售商直营店（零售渠道）和制造商自营店（直销渠道）购买产品可能存在配送时效和邮费差异。以京东平台为例，在京东自营店购买产品的配送时间短，消费者能很快收到商品，而从制造商直营店购买产品的配送时间可能较长，消费者需要等待更长的时间才能收到商品。但与此同时，京东会向非会员消费者收取基础运费，仅订单金额超出一定额度后才给消费者免运费，而许多制造商直营店会给消费者免运费，或者即便收费，其免邮门槛也往往比京东更低。为此，本节扩展分析存在直销渠道和零售渠道配送服务差异时基于平台的双边入侵问题。假设消费者对制造商产品的估值为 v，对零售商自有品牌估值为 δv。但是，若消费者购买产品后需要等待，那么将产生估值折扣。因由零售商发货的等待时间短，而由制造商发货的配送时间长，为便于分析，故假设消费者从零售商购买产品不会产生估值折扣，而从制造商处购买产品会因等待时间长而产生估值折扣。采用 θ 表示等待折扣系数，刻画制造商和零售商的配送服务差异。参考 Hotkar 和 Gilbert（2021）的研究，进一步假设 $\delta \leqslant \theta \leqslant 1$，$\theta \geqslant \delta$ 意味着渠道间差异不大于产品间差异。与此同时，设零售商向消费者收取的基础运费为 t（$t>0$），制造商向消费者收取的寄出运费为 0。t 刻画了制造商和零售商收取的运费差异。值得注意的是，虽然在实践中零售商可能在订单超出一定额度下免邮费，但是为了模型求解的可行性，本章并没有刻画具体的运费收取问题，未来可以对此展开进一步的研究。

消费者有四种选择：①在零售商自营店购买制造商品牌产品，获得的效用为 $v-t^E-p_n^E$。②在制造商直营店购买产品，获得的效用为 $\theta v-p_n^E$。③购买零售商自有品牌产品，获得的效用为 $v-t^E-p_s^E$。④不购买任何产品，获得的效用为 0。假定在零售渠道购买制造商产品和在制造商直销渠道购买产品无差异的消费者位于 v_1，在制造商直销渠道购买产品和购买零售商自有品牌产品无差异的消费者位于 v_2，购买零售商自有品牌产品和不参与购买活动无差异的消费者位于 v_3，那么必然存在 $v-t^E-p_n^E=\theta v-p_n^E$、$\theta v-p_n^E=v-t^E-p_s^E$ 且 $v-t^E-p_s^E=0$。基于此，可以得到三种渠道的市场需求分别为 $D_{nr}^E=1-v_1=q_{nr}^E$，$D_{nm}^E=v_1-v_2=q_{nm}^E$，$D_s^E=v_2-v_3=q_s^E$。由此推导出线性逆需求函数为 $p_n^E=\dfrac{t^E\theta}{1-\theta}-\delta q_s^E-\theta q_{nm}^E$ 和 $p_s^E=t^E-\dfrac{\delta t^E}{1-\theta}-\delta(q_{nm}^E+q_s^E)$。构建制造商和零售商的利润函数如下：

$$\prod_{M}^{E} = w^{E}q_{nr}^{E} + (1 - \lambda)p_{n}^{E}q_{nm}^{E} - c_{m}^{E}q_{nm}^{E} \tag{6.13}$$

$$\prod_{R} = (p_{n}^{E} - w^{E} - c_{r}^{E} + t^{E})q_{nr}^{E} + \lambda p_{n}^{E}q_{nm}^{E} + (p_{s}^{E} - c_{r}^{E} + t^{E})q_{s}^{E} \tag{6.14}$$

其中，c_{m}^{E} 和 c_{r}^{E} 分别表示制造商和零售商在配送上所花费的运输成本。出于模型简洁性考虑，进一步假设两企业的运输成本相同并归一化为 0。博弈的决策顺序与主模型相同，但零售商在决定产量时需要同时决定向消费者收取的运输费用 t^{E}。基于以上模型设定，通过求解分析，便可得到存在渠道服务差异时基于平台的双边入侵博弈均衡。

如图 6-6 所示，若 $\theta = 1$，那么双边入侵的博弈均衡分别为（E，E）和（N，E），与主模型所得的均衡结果一致；但若 $\theta < 1$，那么双边入侵博弈可能出现三种均衡，分别为（E，E）、（N，E）和（E，N）。在考虑渠道差异下，制造商仍然倾向于在 δ 较大或 λ 较小时入侵，在 δ 较小且 λ 较大时放弃入侵；零售商选择在 δ 较大且 λ 适中时放弃入侵，否则采取入侵。解释如下：零售商采取品牌入侵会出现两种影响：一方面，品牌入侵会使一部分低估值消费者转为购买自有品牌产品，增加零售商的收益；另一方面，品牌入侵会与制造商产品形成竞争，且 δ 越大，竞争强度越大。因零售商一部分收益来自于制造商缴纳的佣金，因此这会降低零售商的收益。零售商需要权衡以上两方面的影响来决定是否采取入侵。若 λ 较小，零售商收益较少地依赖于佣金，因此零售商会选择入侵。若 λ 较大，制造商会主动放弃入侵，此时，零售商不用担心引入自有品牌会加剧产品竞争，因此零售商仍会采取入侵。但若佣金费率 λ 适中，根据主模型的分析，此时制造商为了防止零售商减少零售渠道的产品销售而不会放弃入侵，那么在直销渠道服务质量劣势的驱动下，零售商会为了避免加剧竞争，从而选择放弃入侵。

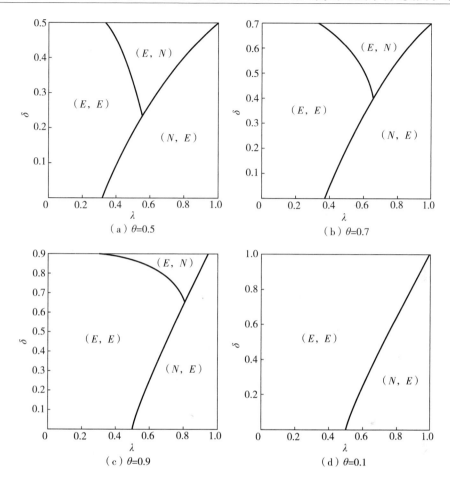

图 6-6 渠道服务差异下基于平台的双边入侵博弈均衡

与主模型所得到的均衡结果进行对比可以发现渠道差异会驱使零售商放弃入侵。其原因是：服务差异缓和了直销渠道与零售渠道的竞争强度，但增强了直销渠道中制造商与零售商自有品牌争夺低估值消费者的竞争强度。服务差异的存在会放大品牌入侵对零售商的不利影响（不利影响：品牌入侵降低零售商在佣金和零售渠道上的收益），缩小品牌入侵对零售商的有利影响（有利影响：销售自有品牌产品创造收益）。因此，在服务差异的驱动下，零售商可能会在佣金可观时选择放弃品牌入侵。

6.7 本章小结

考虑到许多制造商通过网络零售商销售产品，并且网络零售商还开放其平台使制造商可以在其平台开设直营店直接售卖产品这一现实情况，本章研究了基于零售商平台的双边入侵博弈以及开放平台对双边入侵决策的影响。通过构建基于零售商平台的双边入侵博弈模型，得到了均衡下制造商和零售商的入侵策略。研究发现，制造商选择在消费者对零售商自有品牌估值较高时入侵，否则放弃入侵。这一结果在定性上与基于自建网站的双边入侵均衡相同。同时，这也证明，制造商通过零售商平台直销产品是可行的策略。研究还表明，即便零售商能通过收取平台使用佣金来分享制造商的直销收益，其也会采取品牌入侵。

有趣的是，基于零售商平台的双边入侵不会使两企业陷入"囚徒困境"。首先，相较于基于制造商自建网站的双边入侵，佣金的存在使基于平台的双边入侵的渠道竞争和品牌竞争更加缓和。其次，制造商以入驻零售商平台的方式入侵能够利用零售商的销售平台，节省销售成本。借助平台直销避免了制造商通过自建网站销售时的供应链效率低下的状况。

实际上，若不开放平台，那么制造商只能通过自建网站入侵；但若零售商开放平台，那么制造商将面临通过零售商平台入侵和自建网站入侵两种入侵方式的选择问题。研究表明，一定条件下，零售商开放平台会使原本不入侵或者通过自建网站入侵的制造商通过零售商平台入侵。与此同时，零售商并不会因为开放平台而放弃引入自有品牌，反而可能因为开放平台而采取品牌入侵。

近年来，如亚马逊和京东等原本仅转售制造商产品的网络零售商开放了其销售平台，吸引了许多制造商在它们的平台上开设官方直营店。甚至一些原本建立了官方网站的制造商也放弃在自建的网站上销售，选择在其网站上悬挂零售商网站的网址链接等，将顾客推介至零售商平台（Cai 和 Chen，2011）。亚马逊和京东也在不断地布局自有品牌。它们的自有品牌覆盖了母婴、服装等众多品类。本章的研究符合对这一实践现象的观察，同时有助于理解为何在网络零售商开放平台后部分制造商会从原本的无直销和自建网站直销转为通过零售商平台直销。一方面，通过零售商平台入侵能够节省直销成本；另一方面，这一入侵方式对零售商更加友好，渠道竞争和品牌竞争更加缓和。对比第 3 章和本章的研究结论可以发现，虽然网络零售商开放平台并不能阻止双边入侵的发生，但却因其吸引制造商从自建网站转向入住平台而使双方不陷入"囚徒困境"。因此，若双方因双边入侵陷入"囚徒困境"时，零售商可以率先开放其网络直销平台，吸引制造商在其平台开设直营店来进行直销，以使双方脱离"囚徒困境"。

第7章 结论与展望

7.1 主要研究结论

受信息技术和电子商务发展的驱动,供应链出现了上下游企业之间的双边入侵。实证研究发现,企业的入侵决策受到供应链成员行为的影响。本书结合实证研究结果和商业实践现象,选取零售商需求信息共享、制造商投资和网络零售商开放平台三种企业行为,运用博弈论等方法探索供应链不同成员行为对双边入侵的影响。为追随以往研究,本书先考察了双边入侵对供应链成员收益的影响,所得结论如下:

在制造商和零售商的双边入侵博弈中,入侵策略极大地依赖于成本结构。在不考虑供应链成员其他策略行为的情况下,制造商仅在直销成本足够低时才选择入侵。考察双边入侵的影响发现,双边入侵机会对供应链可能是有利的。因为当零售商自有品牌产品的质量适中时,双边入侵能够使两企业实现双赢。

但是，处于同一供应链的制造商和零售商在采取入侵之前有必要沟通和协调它们的产品定位。具体而言，制造商品牌产品应定位于高端位置，零售商自有品牌产品应定位于相对低端的位置。差异化战略可以缓和制造商和零售商之间的竞争，开拓市场，使两家公司都更好。双边入侵也可能对供应链不利。因为当直销成本适中时，双边入侵会导致制造商和零售商陷入双输的局面。在这种双输的情况下，尽管帕累托最优解是不入侵，但是双方均入侵是制造商和零售商入侵博弈唯一的纳什均衡。

制造商和零售商当然均不愿陷入这一双输境地。对此，本书研究发现，相较于同时行动，序贯决策能够提升两企业的利润。如果制造商的直销成本足够高，通过允许一家公司先采取行动，如先后制定销量决策，那么两家公司的收益都可以得到提升。因此，制造商应该等待零售商先做出选择，因为零售商先制定入侵策略可能会避免双输局面的形成。否则，制造商应试图说服零售商，如果零售商不涉足产品的生产制造，它也将不会涉足产品的直接销售。在双边入侵发生后，如果制造商和零售商中有一方先做出销量决策，那么对双方均有利。然而，在生产阶段，每个企业都更愿意成为领导者而不是追随者。因此，两企业都必须谨慎地以适当的顺序协调它们的决策。虽然后行动的一方处于更为不利局面，但其收益仍然比在同时决策下更好。

以上是在不考虑成员其他行为下，得到的关于双边入侵博弈和双边入侵的影响的研究结论。在第 3 章的基础上，第 4～第 6 章分别考察了零售商需求信息共享、制造商降低生产成本投资、零售商开放平台的三种企业行为对双边入侵决策的影响。根据本书的研究，此三种企业行为对双方入侵决策的影响以及影响机理各不相同。接下来逐一总结各企业行为对双边入侵的影响：

（1）第 4 章研究了零售商的需求信息共享行为对其与制造商双边入侵决策的影响。结果表明，当制造商直销成本较低时，无论零售商是否共享信息，双边入侵的博弈均衡总是双方均入侵；当直销成本较高时，无论零售商是否共享信息，双边入侵的博弈均衡总是仅零售商入侵。换言之，当直销成本较低或者较高时，零售商信息共享行为不会改变制造商和零售商的入侵决策。然而，当直销成本适中时，零售商共享需求信息的行为会改变制造商的入侵选择，可能使制造商放弃入侵，也可能促使制造商采取入侵。当然，如果共享信息会促使制造商采取入侵，那么零售商是不会选择共享的。对比零售商在信息共享和无共享两种情形下的事前期望收益可以发现，零售商仅会在消费者对其自有品牌估值较低（自有品牌质量较低）时，愿意主动与制造商共享信息，其目的是使制造商放弃入侵。

零售商共享信息能使制造商放弃入侵的原因是：制造商的入侵决策受到市场需求大小的影响，且市场需求越大，制造商就越倾向于采取入侵。如果实际需求比制造商期望的市场需求更小，零售商共享信息能使制造商在了解到真实市场需求后从原本的采取入侵转为放弃入侵。

一方面，第4章的研究证实，零售商在与制造商共享需求信息时仍然会采取品牌入侵，但制造商可能会因为零售商的信息共享而放弃渠道入侵。同一个零售商可能既致力于打造自有品牌，又主动与制造商共享其私有需求信息。实践中，零售巨头沃尔玛虽然推出了惠宜、沃集鲜等自有品牌与制造商品牌产品竞争，但同时也主动与制造商共享市场需求信息。而这些拥有自有品牌的零售商愿意与上游制造商共享市场需求信息的一个可能的原因是为了防止制造商采取渠道入侵。另一方面，本书在已有的研究基础上，进一步得到了零售商的信息共享策略与其自有品牌的关系。Huang等（2018）的研究得出，当且仅当固定直销成本适中且不同渠道替代性较大时，零售商愿意共享需求信息。本书的研究进一步发现，对于一个拥有自有品牌的零售商，其仅可能在自有品牌质量较低时与制造商共享信息。

（2）第 5 章研究了制造商降低生产成本的投资行为对其与零售商双边入侵决策的影响。结果表明，与无投资情形相比，在投资情形下，不会出现仅零售商入侵的情况。并且，消费者对自有品牌估值的提高，入侵博弈的纳什均衡表现为双方均入侵的可能性先增大后减小。而当消费者对自有品牌估值较高或者较低时，仅制造商入侵更可能成为均衡。对比有投资和无投资下的双边入侵博弈均衡，可以得到这样的结论，即在一定条件下，制造商投资行为能够阻止双边入侵的发生。具体地说，若消费者对零售商自有产品的估值较高，那么制造商通过降低生产成本投资，能够使零售商放弃品牌入侵。与此同时，若产品生产成本也较高，那么制造商将不必为应对零售商的品牌入侵而被迫采取渠道入侵，即制造商也会放弃入侵。

制造商投资能够阻止双边入侵出现的原因是：制造商能够根据不同的入侵结构确定相应的投资水平。研究发现，制造商在零售商品牌入侵下的投资水平高于无零售商入侵下的投资水平，且消费者对零售商自有品牌产品的估值越高，投资水平越高。一方面，投资水平的提升会加剧竞争，并提升制造商品牌产品的竞争优势。另一方面，投资水平的提升也能增加零售商转售制造商产品所获得的利润。因此，零售商愿意在消费者对自有品牌估值较高时放弃入侵。

以上的结论表明，制造商的降低生产成本投资不仅能够获得低成本的直接收益，一定情况下还能利用投资来阻止零售商的自有品牌入侵。对于零售商来说，其应综合考虑制造商的投资情况以及自有品牌产品的定位，从而制定入侵策略。若制造商致力于成本降低投资，那么零售商可实施差异化战略，以更加低端的自有品牌产品进行入侵；若制造商没有采取成本降低投资，那么零售商可以以相对高端的自有品牌来入侵产品市场。

（3）第 6 章研究了基于网络零售商平台的双边入侵互动和零售商开放平台对双边入侵的影响。研究发现，在基于网络零售商平台的双边入侵博弈中，制造商会选择在消费者对零售商自有品牌估值较高时入侵，否则放弃入侵。这一结果在定性上与基于自建网站的双边入侵的均衡相同。同时，这也证明，制造商通过零售商平台直销产品是可行的策略。即便零售商通过收取佣金能够获得部分制造商直销渠道的收益，其也会采取品牌入侵。但基于零售商平台的双边入侵不会使两企业陷入"囚徒困境"。首先，相较于基于制造商自建网站的双边入侵，佣金的存在使基于平台的双边入侵的渠道竞争和品牌竞争更加缓和。其次，制造商以入驻零售商平台的方式入侵能够利用零售商的销售平台，节省销售成本。

实际上，若零售商不开放平台，那么制造商只能通过自建网站入侵；若零售商开放平台，那么制造商将面临通过零售商平台入侵和自建网站入侵两种入侵方式的选择问题。研究表明，一定条件下，零售商开放平台会使原本不入侵或者通过自建网站入侵的制造商转而通过零售商平台入侵。此时，零售商并不会因为开放平台而放弃引入自有品牌，反而可能因为开放平台而采取品牌入侵。开放平台能使双方改变入侵策略的原因是：制造商通过平台直销能加强其与零售商的优势互补和收益共享，一定程度上缓和了两种产品之间的竞争。

由以上的结论可知，每种成员行为对双边入侵的影响是不同的，可能阻止双边入侵的出现，也可能促使双边入侵的发生。但是，通过提炼不同成员行为影响双边入侵的共同特性，可以发现信息共享、技术投资和开放平台三种成员行为均影响着双边入侵供应链的对称性，进而影响双边入侵博弈均衡。首先，信息共享关联着供应链上下游的信息对称性。若零售商与制造商共享市场需求信息，那么供应链上下游处于需求信息对称状态；但若零售商不与制造商共享需求信息，那么供应链上下游处于需求信息不对称状态。零售商信息共享会改变供应链的信息对称性，进而影响双边入侵的博弈均衡。其次，制造商投资关联着其与零售商的优势对称性。在无投资下，供应链中的制造商和零售商均有各自的优势。制造商擅长生产，能够在相同的成本下生产出高质量的产品；零售商擅长销售，能够更有效率地将产品销售出去，供应链上下游企业具有优势对称性。但若制造商一方采取技术投资，实现了制造升级，那么成本效率的提升使制造商有了更多的优势，打破了优势对称，由此使零售商愿意主动放弃入侵，一定程度上阻止双边入侵的发生。最后，零售商开放平台会改变供应链的结构对称性。若不开放平台，制造商只能通过自建渠道入侵，那么供应链的渠道结构是对称的。一方面，制造商和零售商共同运营零售渠道的业务，一方负责生产，另一方负责销售。另一方面，双方各自开发一个新的业务。在新业务中，各自独立完成产品的生产和销售。双方的收益均由零售渠道的收益加上各自独立业务的收益构成。但若零售商开放平台，制造商借助零售商平台直销产品，其收益也将以佣金的形式与零售商共享，供应链呈现为非对称性结构。这一非对称性结构加强了制造商和零售商的收益共享和优势互补，因而会促进双边入侵的出现。

7.2　研究局限和展望

根据实证研究所提出的影响企业入侵决策的因素和目前实践中的重大商业现象，本书选取了零售商信息共享、制造商降低成本投资、网络零售商开放平台三种不同的角度来窥探成员行为对供应链双边入侵决策的影响。但是，除此之外，还有许多可能对双边入侵产生影响的企业行为未得到探索，如企业风险规避行为、"搭便车"行为等。因此，未来可以进一步探索其他的企业行为对双边入侵决策的影响。此外，出于研究可行性考虑，本书在构建模型时不可避免地提出了一些假设。因而，未来的研究可以尝试放宽这些假设。以上是对本书研究的局限性和未来研究方向的总结，接下来将列举六个可能的研究方向：

第一，与运营管理相关研究类似，本书研究的模型假设成本结构信息是共识。由本书第 4 章的研究可知，信息共享和无信息共享可能使双边入侵博弈出现不同的结果。因此，未来的研究可以考察当成本信息不对称时，成本信息共享对制造商和零售商双边入侵决策的影响。

第二，本书研究的是简单的双边垄断供应链，即单个制造商和单个零售商。未来的研究可以考虑横向竞争，例如，研究竞争性制造商或零售商的双边入侵策略。

第三，本书研究了零售商事前信息共享策略，即零售商在入侵博弈前首先承诺是否共享需求信息。未来可以考察零售商事后信息共享策略，即零售商在双方已经达成入侵博弈均衡后的信息共享决策。

第四，本书虽然考察了制造商降低生产成本的投资行为对双边入侵的影响，但为便于深入分析，假定制造商和零售商的生产成本相同，未来可以进一步探索不同的成本结构下，制造商投资行为对双边入侵的影响。

第五，在本书第 6 章的研究中，假设零售商开放平台时，制造商可以选择借助平台直销或者自建网站直销中的一种入侵方式。未来的研究可以进一步考察当制造商可以同时采取两种直销方式时的双边入侵。

第六，在本书第 6 章的研究中，虽然考察了渠道服务差异对双边入侵决策的影响，但是出于模型复杂性考虑，在模型设置中没有考虑不同消费者对运输服务和邮费敏感性的差异，未来可以对此进行进一步的探索。

参考文献

［1］ Abhishek V. , Jerath K. , Zhang Z. J. Agency selling or reselling? Channel structures in electronic retailing ［J］. Management Science, 2016, 62 (8): 2259-2280.

［2］ Ailawadi K. L. , Bari H. An empirical analysis of the determinants of retail margins: The role of store-brand share ［J］. Journal of Marketing, 2004, 68 (1): 147-165.

［3］ Ailawadi K. L. , Pauwels K. , Jon-Benedict E. M. Steenkamp Private-label use and store loyalty ［J］. Journal of Marketing, 2008, 72 (6): 19-30.

［4］ Alan Y. , Kurtulus M. , Wang C. The role of store brand spillover in a retailer's category management strategy ［J］. Manufacturing & Service Operations Management, 2019, 21 (3): 620-635.

［5］ Amrouche N. , Zaccour G. Shelf-space allocation of national and private brands ［J］. European Journal of Operational Research, 2007, 180 (2): 648-663.

［6］ Arya A. , Mittendorf B. The changing face of distribution channels: Partial forward integration and strategic investments ［J］. Production and Operations Management, 2013, 22 (5): 1077-1088.

[7] Arya A. , Mittendorf B. Supply chain consequences of subsidies for corpo-rate social responsibility [J]. Production and Operations Management, 2015, 24 (8): 1346-1357.

[8] Arya A. , Mittendorf B. , Sappington D. E. M. The bright side of supplier encroachment [J]. Marketing Science, 2007, 26 (5): 651-659.

[9] Bian J. , Guo X. , Lai K. K. , et al. The strategic peril of information sha-ring in a vertical-nash supply chain: A note [J]. International Journal of Produc-tion Economics, 2014 (158): 37-43.

[10] Bian W. , Shang J. , Zhang J. Two-way information sharing under supply chain competition [J]. International Journal of Production Economics, 2016 (178): 82-94.

[11] Cai G. , Chen Y. J. In-store referrals on the internet [J]. Journal of Retailing, 2011, 87 (4): 563-578.

[12] Cao Z. , Wang Y. , Zhao J. , et al. Store brand introduction and quantity decision under asymmetric cost information in a retailer-led supply chain [J]. Com-puters & Industrial Engineering, 2021 (152): 106995.

[13] Chen J. , Guo Z. New-media advertising and retail platform openness [J]. MIS Quarterly, 2016, 46 (1): 431-456.

[14] Chen L. , Gilbert S. M. , Xia Y. Private labels: Facilitators or impediments to supply chain coordination [J]. Decision Sciences, 2011, 42 (3): 689-720.

[15] Chen L. , Gilbert S. M. , Xia Y. Product line extensions and technology licensing with a strategic supplier [J]. Production and Operations Management, 2016, 25 (6): 1121-1146.

[16] Cheng R. , Duan Y. , Zhang J. , et al. Impacts of store-brand introduction on a multiple-echelon supply chain [J]. European Journal of Operational Research, 2021, 292 (2): 652-662.

[17] Chiang Wei-Yu K. , Chhajed D. , Hess J. D. Direct marketing, indirect profits a strategic analysis of dual channel supply chain design [J]. Management Science, 2003, 49 (1): 1-20.

[18] Cui Q. Quality investment, and the contract manufacturer's encroachment [J]. European Journal of Operational Research, 2019, 279 (2): 407-418.

[19] Cui Q. , Chiu C-H. , Dai X. , et al. Store brand introduction in a two-echelon logistics system with a risk-averse retailer [J]. Transportation Research Part E: Logistics and Transportation Review, 2016 (90): 69-89.

[20] Dahan E. , Srinivasan V. The impact of unit cost reductions on gross profit: Increasing or decreasing returns? [J]. IIMB Management Review, 2011, 23 (3): 131-139.

[21] Dong L. , Narasimhan C. , Zhu K. Product line pricing in a supply chain [J]. Management Science, 2009, 55 (10): 1704-1717.

[22] Fernando Bernstein A. , Gürhan Kök. Dynamic cost reduction through process improvement in assembly networks [J]. Management Science, 2009, 55 (4): 552-567.

[23] Gal-Or E. Information sharing in oligopoly [J]. Econometric, 1985, 53 (2): 329-343.

[24] Geng X. , Tan Y. R. , Wei L. How add-on pricing interacts with distribution contracts [J]. Production and Operations Management, 2018, 27 (4): 605-623.

[25] Groznik A. , Heese H. Supply chain conflict due to store brands: The

value of wholesale price commitment in a retail supply chain [J]. Decision Sciences, 2010, 41 (2): 203-230.

[26] Guan X., Liu B., Chen Y. J., et al. Inducing supply chain transparency through supplier encroachment [J]. Production and Operations Management, 2019, 29 (3): 725-749.

[27] Ha A., Long X., Nasiry J. Quality in supply chain encroachment [J]. Manufacturing & Service Operations Management, 2016, 18 (2): 280-298.

[28] Ha A. Y., Tian Q., Tong S. Information sharing in competing supply chains with production cost reduction [J]. Manufacturing & Service Operations Management, 2017, 19 (2): 246-262.

[29] Hagiu A., Wright J. Marketplace or reseller? [J]. Management Science, 2015, 61 (1): 184-203.

[30] Hao L., Tan Y. Who wants consumers to be informed? Facilitating information disclosure in a distribution channel [J]. Information Systems Research, 2019, 30 (1): 34-49.

[31] Hara R., Matsubayashi N. Premium store brand: Product development collaboration between retailers and national brand manufacturers [J]. International Journal of Production Economics, 2017 (185): 128-138.

[32] Hong Z., Wang H., Yu Y. Green product pricing with non-green product reference [J]. Transportation Research Part E: Logistics and Transportation Review, 2018 (115): 1-15.

[33] Hotkar P., Gilbert S. M. Supplier encroachment in a nonexclusive reselling channel [J]. Management Science, 2021, 67 (9): 5821-5837.

[34] Huang H., Meng Q., Xu H., et al. Cost information sharing under

competition in remanufacturing [J]. International Journal of Production Research, 2019, 57 (21): 6579-6592.

[35] Huang S. , Chen S. , Guan X. Retailer information sharing under endogenous channel structure with investment spillovers [J]. Computers & Industrial Engineering, 2020 (142): 106346.

[36] Huang S. , Guan X. , Chen Y. J. Retailer information sharing with supplier encroachment [J]. Production and Operations Management, 2018, 27 (6): 1133-1147.

[37] Huang S. , Yang J. Information acquisition and transparency in a supply chain with asymmetric production cost information [J]. International Journal of Production Economics, 2016 (182): 449-464.

[38] Huang Y. , Wang Z. Values of information sharing: A comparison of supplier-remanufacturing and manufacturer-remanufacturing scenarios [J]. Transportation Research Part E: Logistics and Transportation Review, 2017 (106): 20-44.

[39] Huang Z. , Feng T. Money-back guarantee and pricing decision with retailer's store brand [J]. Journal of Retailing and Consumer Services, 2020 (52): 101897.

[40] Jiang B. , Jerath K. , Srinivasan K. Firm strategies in the "mid tail" of platform-based retailing [J]. Marketing Science, 2011, 30 (5): 757-775.

[41] Jiang Z. Z. , Zhao J. , Yi Z. , et al. Inducing information transparency: The roles of gray market and dual-channel [EB/OL]. http: //doi. org/10. 1007/s10479-020-03719-0.

[42] Jin Y. , Wu X. , Hu Q. Interaction between channel strategy and store brand decisions [J]. European Journal of Operational Research, 2017, 256 (3):

911-923.

[43] Karray S. , Zaccour G. Could co-op advertising be a manufacturer's counterstrategy to store brands? [J]. Journal of Business Research, 2006, 59 (9): 1008-1015.

[44] Kim S. H. , Netessine S. Collaborative cost-reduction and component procurement under information asymmetry [J]. Management Science, 2013, 59 (1): 189-206.

[45] Kwark Y. , Chen J. , Raghunathan S. , et al. Platform or wholesale? A strategic tool for online retailers to benefit from third-party information [J]. MIS Quarterly, 2017, 41 (3): 763-785.

[46] Lee J. , Krishnan V. , Shin H. Business models for technology-intensive supply chains [J]. Management Science, 2020, 66 (5): 2120-2139.

[47] Li C. Supplier competition and cost reduction with endogenous information asymmetry [J]. Manufacturing & Service Operations Management, 2020, 22 (5): 996-1010.

[48] Li G. , Zheng H. , Sethi S. P. , et al. Inducing downstream information sharingvia manufacturer information acquisitionand retailer subsidy [J]. Decision Sciences, 2020, 51 (3): 691-719.

[49] Li H. , Leng K. , Qing Q. , et al. Strategic interplay between store brand introduction and online direct channel introduction [J]. Transportation Research Part E: Logistics and Transportation Review, 2018 (118): 272-290.

[50] Li L. Cournot oligopoly with information sharing [J]. The RAND Journal of Economics, 1985, 16 (4): 521-536.

[51] Li T. , Xie J. , Zhao X. Supplier encroachment in competitive supply

chains [J]. International Journal of Production Economics, 2015 (165): 120-131.

[52] Li Z. , Gilbert S. M. , Lai G. Supplier encroachment under asymmetric information [J]. Management Science, 2014, 60 (2): 449-462.

[53] Mai D. T. , Liu T. , Morris M. D. S. , et al. Quality coordination with extended warranty for store-brand products [J]. European Journal of Operational Research, 2017, 256 (2): 524-532.

[54] Mantin B. , Krishnan H. , Dhar T. The strategic role of third-party marketplaces in retailing [J]. Production and Operations Management, 2014, 23 (11): 1937-1949.

[55] Mittendorf B. , Shin J. , Yoon D. H. Manufacturer marketing initiatives and retailer information sharing [J]. Quantitative Marketing and Economics, 2013 (11): 263-287.

[56] Nasser S. , Turcic D. , Narasimhan C. National brand's response to store brands: Throw in the towel or fight back? [J]. Marketing Science, 2013, 32 (4): 591-608.

[57] Niu B. , Cui Q. , Zhang J. Impact of channel power and fairness concern on supplier's market entry decision [J]. Journal of the Operational Research Society, 2017, 68 (12): 1570-1581.

[58] Niu B. , Liu L. , Wang J. Sell through a local retailer or operate your own store? Channel structure and risk analysis [J]. Journal of the Operational Research Society, 2016, 67 (2): 325-338.

[59] Pauwels K. , Srinivasan S. Who benefits from store brand entry? [J]. Marketing Science, 2004, 23 (3): 364-390.

[60] Pnevmatikos N. , Vardar B. , Zaccour G. When should a retailer invest

in brand advertising? [J]. European Journal of Operational Research, 2018, 267 (2): 754–764.

[61] Qin X., Liu Z., Tian L. The strategic analysis of logistics service sharing in an e-commerce platform [J]. Omega, 2020 (92): 102–153.

[62] Ru J., Shi R., Zhang J. Does a store brand always hurt the manufacturer of a competing national brand? [J]. Production and Operations Management, 2015, 24 (2): 272–286.

[63] Saha S., Sarmah S. P., Moon I. Dual channel closed-loop supply chain coordination with a reward-driven remanufacturing policy [J]. International Journal of Production Research, 2015, 54 (5): 1503–1517.

[64] Shamir N. Strategic information sharing between competing retailers in a supply chain with endogenous wholesale price [J]. International Journal of Production Economics, 2012, 136 (2): 352–365.

[65] Song W., Chen J., Li W. Spillover effect of consumer awareness on third parties' selling strategies and retailers' platform openness [J]. Information Systems Research, 2021, 32 (1): 172–193.

[66] Steenkamp J., Dekimpe M. The power of store brands: Intrinsic loyalty and conquesting power [J]. Long Range Planning, 1997 (30): 917–930.

[67] Su X., Zhang F. Strategic customer behavior, commitment, and supply chain performance [J]. Management Science, 2008, 54 (10): 1759–1773.

[68] Sun X., Tang W., Chen J., et al. Manufacturer encroachment with production cost reduction under asymmetric information [J]. Transportation Research Part E: Logistics and Transportation Review, 2019 (128): 191–211.

[69] Tahirov N., Glock C. H. Manufacturer encroachment and channel con-

flicts: A systematic review of the literature [J]. European Journal of Operational Research, 2022, 302 (2): 403-426.

[70] Tian L., Vakharia A. J., Tan Y. R., et al. Marketplace, reseller, or hybrid: Strategic analysis of an emerging e-commerce model [J]. Production and Operations Management, 2018, 27 (8): 1595-1610.

[71] Wu X., Kouvelis P., Matsuo H. Horizontal capacity coordination for risk management and flexibility: Pay ex ante or commit a fraction of ex post demand? [J]. Manufacturing & Service Operations Management, 2013, 15 (3): 458-472.

[72] Wu Y., Gu F., Ji Y., et al. Technological capability, eco-innovation performance, and cooperative R&D strategy in new energy vehicle industry: Evidence from listed companies in China [J]. Journal of Cleaner Production, 2020 (261):121157.

[73] Xiong Y., Yan W., Fernandes K., et al. "Bricks vs. Clicks": The impact of manufacturer encroachment with a dealer leasing and selling of durable goods [J]. European Journal of Operational Research, 2012, 217 (1): 75-83.

[74] Yoon D. H. Supplier encroachment and investment spillovers [J]. Production and Operations Management, 2016, 25 (11): 1839-1854.

[75] Zhang P., Xiong Y., Xiong Z. Coordination of a dual-channel supply chain after demand or production cost disruptions [J]. International Journal of Production Research, 2014, 53 (10): 3141-3160.

[76] Zhang P., Xiong Y., Xiong Z., et al. Information sharing and service channel design in the presence of forecasting demand [J]. Journal of the Operational Research Society, 2018, 69 (12): 1920-1934.

[77] Zhang S., Zhang J., Zhu G. Retail service investing: An anti-encroachment strategy in a retailer-led supply chain [J]. Omega, 2019 (84): 212-231.

［78］Zhang Z., Song H., Gu X., et al. How to compete with a supply chain partner：Retailer's store brand vs. manufacturer's encroachment ［EB/OL］. http：//doi. org/10. 1016/j. omega. 2021. 102412.

［79］Zhao D., Li Z. The impact of manufacturer's encroachment and nonlinear production cost on retailer's information sharing decisions ［J］. Annals of Operations Research, 2017（264）：499-539.

［80］曹晓宁, 王永明, 薛方红, 等. 供应商保鲜努力的生鲜农产品双渠道供应链协调决策研究 ［J］. 中国管理科学, 2021, 29（3）：109-118.

［81］曹裕, 易超群, 万光羽. 基于制造商网络渠道选择的双渠道供应链定价与服务决策研究 ［J］. 管理工程学报, 2021, 35（2）：189-199.

［82］曹宗宏, 刘文先, 周永务. 引入自有产品对零售商主导的供应链成员决策的影响 ［J］. 中国管理科学, 2014, 22（1）：12-21.

［83］陈静, 胡婷婷, 韩燕, 等. 基于收益共享的双渠道供应链低碳协调研究 ［J］. 管理决策, 2020, 36（10）：176-180.

［84］陈瑞义, 琚春华, 盛昭瀚, 等. 基于零售商自有品牌供应链质量协同控制研究 ［J］. 中国管理科学, 2015, 23（8）：63-74.

［85］陈树桢, 熊中楷, 李根道, 等. 考虑创新补偿的双渠道供应链协调机制研究 ［J］. 管理工程学报, 2011, 25（2）：45-52+47.

［86］段永瑞, 徐建, 霍佳震. 考虑参照效应的自有品牌动态定价策略 ［J］. 工业工程与管理, 2017, 22（1）：14-21.

［87］段玉兰, 王勇, 石国强. 考虑电商平台信息共享的平台渠道引入策略 ［J］. 预测, 2021, 40（1）：75-83.

［88］范小军, 陈宏民. 零售商导入自有品牌对渠道竞争的影响研究 ［J］. 中国管理科学, 2011, 19（6）：79-87.

［89］范小军，王成付，刘艳．成本差异条件下的自有品牌定位策略与渠道效应［J］．系统工程理论与实践，2018，38（8）：2006-2017.

［90］高鹏，聂佳佳，谢忠秋．存在绿色消费者的再制造供应链信息分享策略［J］．管理工程学报，2014，28（4）：193-200.

［91］龚本刚，汤家骏，程晋石，等．产能约束下考虑消费者偏好的双渠道供应链决策与协调［J］．中国管理科学，2019，27（4）：79-90.

［92］郭强，李增禄，聂佳佳．预测信息分享对双渠道制造商在线推介策略的影响［J］．运筹与管理，2018，27（7）：49-57.

［93］侯光明，艾凤义．基于混合溢出的双寡头横向 R&D 合作［J］．管理工程学报，2006，20（4）：94-97.

［94］蒋雨珊．直销渠道开设下考虑成员行为的供应链决策策略研究［D］．天津：天津大学，2017.

［95］李芳，马鑫，洪佳．考虑质量不确定的双渠道闭环供应链契约协调研究［J］．管理决策，2020，36（9）：176-180.

［96］李富昌，刘丰睿．差别定价条件下基于收益共享的双渠道定价与库存联合优化研究［J］．软科学，2021，35（4）：131-136.

［97］李富昌，吴璐，胡晓辉．基于收益共享和一致定价的双渠道定价与库存联合优化［J］．系统科学学报，2021，29（1）：57-62.

［98］李海，崔南方，徐贤浩．零售商自有品牌与制造商直销渠道的互动博弈问题研究［J］．中国管理科学，2016，24（1）：107-115.

［99］李凯，孙建华，严建援．间接和混合渠道下零售商引入自有品牌的影响分析［J］．运筹与管理，2017，26（1）：103-112.

［100］李佩，魏航，王广永，等．拥有自有品牌零售商的平台开放策略研究［J］．中国管理科学，2019，27（3）：105-116.

［101］李荣耀，李朝柱，何益欣．顾客忠诚对差异化竞争制造商市场入侵的影响研究［J］．中国管理科学，2021，29（3）：239-248．

［102］李诗杨，但斌，李红霞，等．限价与公益性下药品双渠道供应链权力结构模型［J］．管理评论，2019，31（9）：266-277．

［103］李小美，刘人境，张琦．两个供应商和单个零售商组成的供应链成本信息共享和协调契约研究［J］．工业工程与管理，2020，26（4）：1-10．

［104］李重莲，范定祥，王晓蕾．双向公平关切下双渠道供应链的线上线下融合契约设计［J］．中国管理科学，2021，29（11）：122-133．

［105］刘竞，傅科．信息不对称下零售商自有品牌引入问题研究［J］．管理科学学报，2019，22（9）：39-52．

［106］吕芹，霍佳震．基于制造商和零售商自有品牌竞争的供应链广告决策［J］．中国管理科学，2011，19（1）：48-54．

［107］吕芹，霍佳震．广告介入的供应商与零售商自有品牌竞争博弈［J］．系统管理学报，2014，23（2）：174-178．

［108］聂佳佳．预测信息分享对制造商开通直销渠道的影响［J］．管理工程学报，2012，26（2）：106-112．

［109］牛文举，夏晶，汤伟，等．市场竞争中具溢出效应共同供应商质量投资策略［J］．管理工程学报，2017，31（2）：222-232．

［110］任方旭．制造商品牌投入下服装零售商自有品牌产品的渠道价格决策分析［J］．商业研究，2015，460（8）：149-155．

［111］石纯来，聂佳佳．网络外部性对双渠道供应链信息分享的影响［J］．中国管理科学，2019，27（8）：142-151．

［112］石纯来，聂佳佳，李增禄．规模不经济下信息分享对制造商渠道选择的影响［J］．工业工程与管理，2016，21（2）：73-80．

［113］唐润，李倩倩，彭洋洋．考虑质量损失的生鲜农产品双渠道市场出清策略研究［J］．系统工程理论与实践，2018，38（10）：2542-2555.

［114］王道平，沐嘉慧，王婷婷．考虑消费者渠道接受度和医保政策的药品双渠道定价策略［J］．工业工程与管理，2021，26（6）：104-112.

［115］王桐远，王增强，李延来．规模不经济下零售商信息分享模式对双渠道闭环供应链影响［J］．管理工程学报，2021，35（3）：195-207.

［116］王文隆，姚锐，张涑贤．考虑制造商创新的供应链双向需求信息共享研究［EB/OL］．https：//doi.org/10.16381/j.cnki.issn1003-207x.2019.0248.

［117］徐飞，王红蕾．交货期差异下的双渠道订货与协调优化策略［J］．运筹与管理，2020，29（4）：121-128.

［118］许明辉，孙康泰．需求预测信息共享对供应商入侵策略的影响［J］．管理科学学报，2020，23（12）：75-90.

［119］杨家权，张旭梅．考虑零售商策略性库存的双渠道供应链定价及协调［J］．系统管理学报，2020，29（1）：174-182.

［120］赵帅，李文立，曹晓宁，等．预售模式下的生鲜农产品双渠道供应链协调机制［J］．管理工程学报，2021，35（4）：162-177.

［121］郑本荣，杨超，杨珺，等．产品再制造、渠道竞争和制造商渠道入侵［J］．管理科学学报，2018，21（8）：98-111.

［122］周宝刚．双渠道供应链结构设计与选择策略研究［J］．管理评论，2019，31（6）：247-257.

［123］周岩，胡劲松，刘京．考虑公平关切的双渠道绿色供应链决策分析［J］．工业工程与管理，2020，25（1）：9-20.

附录 1 第 3 章证明

引理 3-1 的证明

在销量决策阶段，给定批发价格 w，制造商和零售商的最优化决策模型如下：

$$\max_{q_{nr},\ q_s} \prod_R^{EE} = (1 - q_{nr} - q_{nm} - \delta q_s - w) q_{nr} + \delta(1 - q_{nr} - q_{nm} - q_s)$$

$$q_s,\ \text{s. t.}\ q_{nr},\ q_s \geq 0$$

$$\max_{q_{nm}} \prod_M^{EE} = w q_{nr} + (1 - q_{nr} - q_{nm} - \delta q_s - c) q_{nm},\ \text{s. t.}\ q_{nm} \geq 0$$

出于简洁性考虑，采用 *Karush-Kuhn-Tucker*（*KKT*）条件解最优化问题，得出在给定批发价格 w 时的四种销量反应情形：

（1） 如果 $w \leq \min\{2c-1,\ 1-\delta\}$，则 $q_{nr}^{EE}(w) = \dfrac{1-w-\delta}{2(1-\delta)}$，$q_s^{EE}(w) = \dfrac{w}{2(1-\delta)}$ 且 $q_{nm}^{EE}(w) = 0$。

（2） 如果 $2c-1 \leq w \leq \dfrac{2(1+c)(1-\delta)}{4-\delta}$，则 $q_{nr}^{EE}(w) = \dfrac{2(1+c)(1-\delta)-w(4-\delta)}{6(1-\delta)}$，$q_s^{EE}(w) = \dfrac{w}{2(1-\delta)}$ 且 $q_{nm}^{EE}(w) = \dfrac{1+w-2c}{3}$。

（3）如果 $w > \dfrac{2(1+c)(1-\delta)}{4-\delta}$ 且 $c \leqslant 1 - \dfrac{\delta}{2}$，则 $q_{nr}^{EE}(w) = 0$，$q_s^{EE}(w) = \dfrac{1+c}{4-\delta}$ 且

$q_{nm}^{EE}(w) = \dfrac{2(1-c)-\delta}{4-\delta}$。

（4）如果 $w > 1 - \delta$ 且 $c > 1 - \dfrac{\delta}{2}$，则 $q_{nr}^{EE}(w) = 0$，$q_s^{EE}(w) = \dfrac{1}{2}$ 且 $q_{nm}^{EE}(w) = 0$。

已知两企业的最优销量反应，接下来求解制造商的最优批发价格。由于在情形（4）中制造商的利润总是为0，情形（4）对制造商来说是次优的，因此最终存在三种可能的情况。分别求解（1）、（2）和（3）三种情况下的局部最优批发价格：

（5）$2c - 1 \leqslant w \leqslant \dfrac{2(1+c)(1-\delta)}{4-\delta}$。将 $q_{nr}^{EE}(w)$、$q_s^{EE}(w)$ 和 $q_{nm}^{EE}(w)$ 代入制造商的利润决策模型中，并采用 KKT 条件解最优化问题，得到：

当 $c > \dfrac{5-2\delta}{7-\delta}$ 时，$w = 2c - 1$，$\displaystyle\prod_{M1}^{EE} = \dfrac{(2c-1)(2(1-c)-\delta)}{2(1-\delta)}$；

当 $c \leqslant \dfrac{5-2\delta}{7-\delta}$ 时，$w = \dfrac{(5-c)(1-\delta)}{10-\delta}$，$\displaystyle\prod_{M1}^{EE} = \dfrac{(9-\delta)c^2 - 2(5-\delta)c + 5 - 3\delta}{2(10-\delta)}$。

（6）$w \leqslant \min\{2c - 1,\ 1 - \delta\}$。将 $q_{nr}^{EE}(w)$、$q_s^{EE}(w)$ 和 $q_{nm}^{EE}(w)$ 代入制造商的利润决策模型中并采用 KKT 条件求解得到：

当 $c \geqslant \dfrac{3-\delta}{4}$ 时，$w = \dfrac{1-\delta}{2}$，$\displaystyle\prod_{M2}^{EE} = \dfrac{1-\delta}{8}$；

当 $c < \dfrac{3-\delta}{4}$ 时，$w = 2c - 1$，$\displaystyle\prod_{M2}^{EE} = \dfrac{(2c-1)(2(1-c)-\delta)}{2(1-\delta)}$。

（7）$w > \dfrac{2(1+c)(1-\delta)}{4-\delta}$ 且 $c \leqslant 1 - \dfrac{\delta}{2}$。将 $q_{nr}^{EE}(w) = 0$、$q_s^{EE}(w) = \dfrac{1+c}{4-\delta}$ 和

$q_{nm}^{EE}(w) = \dfrac{2(1-c)-\delta}{4-\delta}$ 代入制造商利润决策模型中，得到 $\displaystyle\prod_{M3}^{EE} =$

$$\frac{(2(1-c)-\delta)^2}{(4-\delta)^2}。$$

然后，通过比较（1）、（6）和（7）三种情况下制造商的利润确定全局最优批发价格。不难发现，$1-\frac{\delta}{2}>\frac{3-\delta}{4}>\frac{5-2\delta}{7-\delta}$，那么比较制造商在各区间的利润：

1）当 $c>1-\frac{\delta}{2}$ 时，比较 $\prod_{M1}^{EE}$ 和 $\prod_{M2}^{EE}$ 得到：

$$\prod_{M2}^{EE}-\prod_{M1}^{EE}=\frac{(3-4c-\delta)^2}{8(1-\delta)}>0$$

2）当 $\frac{3-\delta}{4}\leqslant c\leqslant 1-\frac{\delta}{2}$ 时，比较 $\prod_{M1}^{EE}$，$\prod_{M2}^{EE}$ 和 $\prod_{M3}^{EE}$。首先，$\prod_{M2}^{EE}>\prod_{M1}^{EE}$。

$$\prod_{M2}^{EE}-\prod_{M3}^{EE}=\frac{f_1(c)}{8(1-\delta)(4-\delta)^2}$$

其中，$f_1(c)=-32(1-\delta)c^2+32(1-\delta)(2-\delta)c-(1-\delta)(16-8\delta-\delta^2+\delta^3)$，$f_1(c)$ 是关于 c 的二次函数，二次项系数为负，并且 $f_1\left(\frac{3-\delta}{4}\right)>0$ 且 $f_1\left(1-\frac{\delta}{2}\right)>0$。因此，当 $\frac{3-\delta}{4}\leqslant c\leqslant 1-\frac{\delta}{2}$ 时，$\prod_{M2}^{EE}>\prod_{M3}^{EE}$。

3）当 $\frac{5-2\delta}{7-\delta}<c<\frac{3-\delta}{4}$ 时，比较 $\prod_{M1}^{EE}$，$\prod_{M2}^{EE}$ 和 $\prod_{M3}^{EE}$ 得到：

$$\prod_{M1c}^{EE}-\prod_{M3}^{EE}=\prod_{M2b1}^{EE}-\prod_{M3}^{EE}=\frac{f_2(c)-(2-\delta)(20-14\delta+3\delta^2)}{2(1-\delta)(4-\delta)^2},$$

其中，$f_2(c)=(112-104\delta+30\delta^2-2\delta^3)c-4(18-10\delta+\delta^2)c^2$。同样可以得到 $\prod_M^{EE}=\prod_{M2}^{EE}>\prod_{M3}^{EE}$。

4）当 $c\leqslant\frac{5-2\delta}{7-\delta}$ 时，比较 $\prod_{M1}^{EE}$，$\prod_{M2}^{EE}$ 和 $\prod_{M3}^{EE}$ 如下：

$$\prod_{M1}^{EE}-\prod_{M2}^{EE}=\frac{(10-4\delta-2c(7-\delta))^2}{8(10-\delta)(1-\delta)}>0$$

$$\prod{}_{M1}^{EE} - \prod{}_{M3}^{EE} = \frac{(2c\delta^2 - 18c\delta - 2\delta^2 + 16c + 2\delta)^2}{8(1-\delta)(10-\delta)(4-\delta)^2} > 0$$

因此，全局最优批发价格为：

$$w^{EE} = \begin{cases} \dfrac{(5-c)(1-\delta)}{10-\delta}, & 0 \leqslant c \leqslant \dfrac{5-2\delta}{7-\delta} \\[3mm] 2c-1, & \dfrac{5-2\delta}{7-\delta} < c < \dfrac{3-\delta}{4} \\[3mm] \dfrac{1-\delta}{2}, & \dfrac{3-\delta}{4} \leqslant c \leqslant 1 \end{cases}$$

制造商和零售商的最优销量分别为：

$$q_{nr}^{EE} = \begin{cases} \dfrac{8c+\delta(1-c)}{2(10-\delta)}, & 0 \leqslant c \leqslant \dfrac{5-2\delta}{7-\delta} \\[3mm] \dfrac{2(1-c)-\delta}{2(1-\delta)}, & \dfrac{5-2\delta}{7-\delta} < c < \dfrac{3-\delta}{4} \\[3mm] \dfrac{1}{4}, & \dfrac{3-\delta}{4} \leqslant c \leqslant 1 \end{cases}, \quad q_{s}^{EE} = \begin{cases} \dfrac{5-c}{2(10-\delta)}, & 0 \leqslant c \leqslant \dfrac{5-2\delta}{7-\delta} \\[3mm] \dfrac{2c-1}{2(1-\delta)}, & \dfrac{5-2\delta}{7-\delta} < c < \dfrac{3-\delta}{4} \\[3mm] \dfrac{1}{4}, & \dfrac{3-\delta}{4} \leqslant c \leqslant 1 \end{cases},$$

$$q_{nm}^{EE} = \begin{cases} \dfrac{2(5-7c-\delta(2-c))}{2(10-\delta)}, & 0 \leqslant c \leqslant \dfrac{5-2\delta}{7-\delta} \\[3mm] 0, & \dfrac{5-2\delta}{7-\delta} < c < \dfrac{3-\delta}{4} \\[3mm] 0, & \dfrac{3-\delta}{4} \leqslant c \leqslant 1 \end{cases}$$

制造商和零售商的最优利润分别为：

$$\prod{}_{M}^{EE} = \begin{cases} \dfrac{(9-\delta)c^2 - 2(5-\delta)c + 5 - 3\delta}{2(10-\delta)}, & 0 \leqslant c \leqslant \dfrac{5-2\delta}{7-\delta} \\[3mm] \dfrac{(2c-1)(2(1-c)-\delta)}{2(1-\delta)}, & \dfrac{5-2\delta}{7-\delta} < c < \dfrac{3-\delta}{4} \\[3mm] \dfrac{1-\delta}{8}, & \dfrac{3-\delta}{4} \leqslant c \leqslant 1 \end{cases}$$

$$\prod_R^{EE} = \begin{cases} \dfrac{(64 - 31\delta + 3\delta^2)c^2 + 2\delta c(43 - 7\delta) + \delta(25 + 11\delta)}{4(\delta - 10)^2}, & 0 \leqslant c \leqslant \dfrac{5 - 2\delta}{7 - \delta} \\[4mm] \dfrac{4(1 - c)^2 - \delta(3 - 4c)}{4(1 - \delta)}, & \dfrac{5 - 2\delta}{7 - \delta} < c < \dfrac{3 - \delta}{4} \\[4mm] \dfrac{1 + 3\delta}{16}, & \dfrac{3 - \delta}{4} \leqslant c \leqslant 1 \end{cases}$$

引理 3-2 的证明

考察零售商的入侵策略，给定制造商选择 E（用 E 表示入侵，用 N 表示不入侵），分析零售商的选择。如果 $0 \leqslant \delta \leqslant \dfrac{1}{7}$，则 $\dfrac{5}{7} \leqslant \dfrac{3 - \delta}{4}$；如果 $\dfrac{1}{7} < \delta \leqslant 1$，则 $\dfrac{5}{7} > \dfrac{3 - \delta}{4}$。当 $0 \leqslant \delta \leqslant \dfrac{1}{7}$ 时，比较零售商在 EE 和 EN 下的利润：

$$\prod_R^{EE} - \prod_R^{EN} = \begin{cases} \dfrac{\delta(5 - c)((455 - 59\delta)c + 125 + 55\delta)}{100(10 - \delta)^2} > 0, & 0 \leqslant c \leqslant \dfrac{5 - 2\delta}{7 - \delta} \\[4mm] \dfrac{4(29 - 4\delta)c^2 - 100(2 - \delta)c + 100 - 75\delta}{100(1 - \delta)} > 0, & \dfrac{5 - 2\delta}{7 - \delta} < c \leqslant \dfrac{5}{7} \\[4mm] \dfrac{\delta(1 - 2c)^2}{4(1 - \delta)} > 0, & \dfrac{5}{7} < c \leqslant \dfrac{3 - \delta}{4} \\[4mm] 2c - \dfrac{15 - 3\delta}{16} - c^2 > 0, & \dfrac{3 - \delta}{4} < c \leqslant \dfrac{3}{4} \\[4mm] \dfrac{3\delta}{16} > 0, & \dfrac{3}{4} < c \leqslant 1 \end{cases}$$

当 $\dfrac{1}{7} \leqslant \delta \leqslant 1$ 时，比较零售商在 EE 和 EN 下的利润：

$$\prod_R^{EE} - \prod_R^{EN} = \begin{cases} \dfrac{\delta(5-c)((455-59\delta)c+125+55\delta)}{100(10-\delta)^2} > 0, & 0 \leq c \leq \dfrac{5-2\delta}{7-\delta} \\[3mm] \dfrac{4(29-4\delta)c^2-100(2-\delta)c+100-75\delta}{100(1-\delta)} > 0, & \dfrac{5-2\delta}{7-\delta} < c \leq \dfrac{3-\delta}{4} \\[3mm] \dfrac{(1-\delta)(1+3\delta)}{16(1-\delta)} + \dfrac{4}{25}c^2 > 0, & \dfrac{3-\delta}{4} < c \leq \dfrac{5}{7} \\[3mm] 2c-c^2-\dfrac{15-3\delta}{16} > 0, & \dfrac{5}{7} < c \leq \dfrac{3}{4} \\[3mm] \dfrac{\delta(3-3\delta)}{16(1-\delta)} > 0, & \dfrac{3}{4} < c \leq 1 \end{cases}$$

因此，如果制造商选择 E，零售商总是选择 E。如果制造商选择 N，则：

$$\prod_R^{NE} - \prod_R^{NN} = \frac{3\delta}{16} > 0$$

因此，无论制造商如何选择，零售商总是选择 E。

命题 3-1 的证明

给定零售商选择 E，比较制造在 EE 情形和 NE 情形下的利润：

$$\prod_M^{EE} - \prod_M^{NE} = \begin{cases} \dfrac{f_3(c)}{8(10-\delta)}, & 0 \leq c \leq \dfrac{5-2\delta}{7-\delta} \\[3mm] -\dfrac{(3-4c-\delta)^2}{8(1-\delta)} < 0, & \dfrac{5-2\delta}{7-\delta} < c < \dfrac{3-\delta}{4} \\[3mm] 0, & \dfrac{3-\delta}{4} \leq c \leq 1 \end{cases}$$

其中，$f_3(c) = 4(9-\delta)c^2 - 8(5-\delta)c + 10-\delta-\delta^2$ 是关于 c 的二次函数，$f_3(c)$ 的二次项系数大于 0，并且 $f_3(c) = 0$ 得到两个根如下：

$$t_1 = \frac{10-2\delta-(1-\delta)\sqrt{10-\delta}}{2(9-\delta)}, \quad t_1' = \frac{10-2\delta+(1-\delta)\sqrt{10-\delta}}{2(9-\delta)}$$

显然 $0 < t_1 < \dfrac{5 - 2\delta}{7 - \delta} < t'_1$。因此，如果 $0 \leq c \leq t_1$，则 $f_3(c) \geq 0$；如果

$t_1 < c \leq \dfrac{5 - 2\delta}{7 - \delta}$，则 $f_3(c) \leq 0$。结合 $\dfrac{5 - 2\delta}{7 - \delta} < c < \dfrac{3 - \delta}{4}$ 和 $\dfrac{3 - \delta}{4} \leq c \leq 1$ 可知，

如果 $0 \leq c \leq t_1$，则 $\prod_M^{EE} \geq \prod_M^{NE}$；如果 $t_1 < c \leq 1$，则 $\prod_M^{EE} \leq \prod_M^{NE}$。因此，

给定零售商选择 E，如果 $0 \leq c \leq t_1$，则制造商选择 E；如果 $t_1 < c \leq 1$，则制

造商选择 N。

由引理 3-2 可知，无论制造商如何选择，零售商总是选择 E。根据制造商

和零售商各自的选择，采用画线法求解双边入侵博弈的 Nash 均衡，结果如附

表 1 所示。

附表 1　纳什均衡结果

c	$0 \leq c \leq t_1$	$t_1 < c < \dfrac{3-\delta}{4}$	$\dfrac{3-\delta}{4} \leq c \leq 1$
纳什均衡	(E, E)	(N, E)	$(E, E)\,\text{or}\,(N, E)$

在 EE 情形下，如果 $\dfrac{3-\delta}{4} \leq c \leq 1$，那么直销渠道的最优销量为 0，因此均衡

(E, E) 转变为 (N, E)。如果 $0 \leq c \leq t_1$，纳什均衡为 (E, E)；如果 $t_1 < c \leq 1$，

纳什均衡为 (N, E)。

命题 3-2 的证明

给出制造商和零售商在 NN、EN 和 NE 下的均衡决策和利润。在 NN 情形

下，零售商总是会制定一个大于 0 的订购量，均衡零售渠道销量和批发价格为

$q_{nr}^{NN} = \dfrac{1}{4}$ 和 $w^{NN} = \dfrac{1}{2}$，两企业的利润分别为 $\prod_M^{NN} = \dfrac{1}{8}$ 和 $\prod_R^{NN} = \dfrac{1}{16}$。

在 *EN* 情形下，零售商不入侵，这相当于 *EE* 下 $\delta=0$ 的情形。将 $\delta=0$ 代入，不难得到两企业在 *EN* 下均衡决策：

$$w^{EN}=\begin{cases}\dfrac{5-c}{10}, & 0\leqslant c\leqslant\dfrac{5}{7}\\[2mm] 2c-1, & \dfrac{5}{7}<c<\dfrac{3}{4}\\[2mm] \dfrac{1}{2}, & \dfrac{3}{4}\leqslant c\leqslant1\end{cases},\quad q_{nm}^{EN}=\begin{cases}\dfrac{5-7c}{10}, & 0\leqslant c\leqslant\dfrac{5}{7}\\[2mm] 0, & \dfrac{5}{7}<c<\dfrac{3}{4}\\[2mm] 0, & \dfrac{3}{4}\leqslant c\leqslant1\end{cases},\quad q_{nr}^{EN}=\begin{cases}\dfrac{2c}{5}, & 0\leqslant c\leqslant\dfrac{5}{7}\\[2mm] 1-c, & \dfrac{5}{7}<c<\dfrac{3}{4}\\[2mm] \dfrac{1}{4}, & \dfrac{3}{4}\leqslant c\leqslant1\end{cases}$$

相应的制造商和零售商的均衡利润为：

$$\prod_M^{EN}=\begin{cases}\dfrac{9c^2-10c+5}{20}, & 0\leqslant c\leqslant\dfrac{5}{7}\\[3mm] (2c-1)(1-c), & \dfrac{5}{7}<c<\dfrac{3}{4}\\[3mm] \dfrac{1}{8}, & \dfrac{3}{4}\leqslant c\leqslant1\end{cases}$$

$$\prod_R^{EN}=\begin{cases}\dfrac{4c^2}{25}, & 0\leqslant c\leqslant\dfrac{5}{7}\\[3mm] (1-c)^2, & \dfrac{5}{7}<c<\dfrac{3}{4}\\[3mm] \dfrac{1}{16}, & \dfrac{3}{4}\leqslant c\leqslant1\end{cases}$$

在 *NE* 情形下，制造商不入侵，这相当于 *EE* 情形下的 *c* 足够大 $\left(\text{即}\dfrac{3-\delta}{4}\leqslant c\leqslant1\right)$ 时的情况，此时两企业的均衡决策为：

$$q_{nr}^{NE}=\frac{1-\delta}{4(1-\delta)},\quad q_s^{NE}=\frac{1-\delta}{4(1-\delta)},\quad w^{NE}=\frac{1-\delta}{2}$$

相应的企业均衡利润为：

$$\prod_M^{NN}=\frac{1-\delta}{8},\quad \prod_R^{NN}=\frac{(1+3)\delta}{16}$$

接下来，分别比较两企业在 EE 和 NE 下的均衡利润与 NN 下的均衡利润。

（1）当 $0 \leqslant c \leqslant t_1$，比较制造商在子博弈 EE 和 NE 下的均衡利润为：

$$\prod_M^{EE} - \prod_M^{NN} = \frac{f_5(c)}{8(10-\delta)(1-\delta)}$$

其中，$f_5(c) = 4(1-\delta)(9-\delta)c^2 - 8(1-\delta)(5-\delta)c + (10-11\delta)(1-\delta)$。显然 $f_5(c)$ 是关于 c 的二次函数，且 $f_5(c)$ 的二次项系数大于 0。令 $f_5(c) = 0$，得到：

$$t_2 = \frac{10-12\delta+2\delta^2-(1-\delta)\sqrt{(1+7\delta)(10-\delta)}}{2(1-\delta)(9-\delta)}$$

$$t'_2 = \frac{10-12\delta+2\delta^2+(1-\delta)\sqrt{(1+7\delta)(10-\delta)}}{2(1-\delta)(9-\delta)}$$

不难证明，$t_2 < t_1 < t'_2$。因此，如果 $0 \leqslant c \leqslant t_2$，则 $\prod_M^{EE} \geqslant \prod_M^{NN}$；如果 $t_2 < c \leqslant t_1$，则 $\prod_M^{EE} < \prod_M^{NN}$。接下来，对比零售商在子博弈 EE 和子博弈 NN 下的均衡利润，得到：

$$\prod_R^{EE} - \prod_R^{NN} = \frac{f_6(c)}{16(1-\delta)(10-\delta)^2}$$

其中，$f_6(c) = (1-\delta)(4(3\delta^2-31\delta+64)c^2 - (100-120\delta-43\delta^2)) + 8\delta(1-\delta)(43-7\delta)c$。

$f_6(c)$ 是关于 c 的二次函数，且 $f_6(c)$ 的二次项系数大于 0。再令 $f_6(c) = 0$，解得

$$t_3 = \frac{(1-\delta)((10-\delta)\sqrt{2(67\delta^2-95\delta+64)} - 2\delta(43-7\delta))}{2(64-95\delta+34\delta^2-3\delta^3)}$$

$$t'_3 = \frac{(1-\delta)(-(10-\delta)\sqrt{2(67\delta^2-95\delta+64)} - 2\delta(43-7\delta))}{2(64-95\delta+34\delta^2-3\delta^3)} < 0$$

因此，如果 $0 \leqslant c \leqslant \min\{t_1, t_3\}$，则 $\prod_R^{EE} \leqslant \prod_R^{NN}$；如果 $t_3 < c \leqslant t_1$，则 $\prod_R^{EE} > \prod_R^{NN}$。

（2）当 $t_1 < c \leqslant 1$，先比较制造商在 NE 和 NN 情形下的利润：

$$\prod_M^{NE} - \prod_M^{NN} = -\frac{\delta}{8} < 0$$

接着比较零售商在 NE 情形和 NN 情形下的利润：

$$\prod_R^{NE} - \prod_R^{NN} = \frac{(1-\delta)\delta}{16} > 0$$

根据（1）和（2）所得结论，制造商和零售商入侵的影响总结如下：

1）当 $c < \min\{t_2, t_3\}$ 时，双边入侵对制造商有利，而对零售商不利。

2）当 $t_2 \leqslant c < \min\{t_1, t_3\}$ 时，双边入侵对双方都不利。

3）当 $c \geqslant \min\{t_1, \max\{t_2, t_3\}\}$ 时，双边入侵对制造商不利，对零售商有利。

4）当 $t_3 \leqslant c < t_2$ 时，双边入侵对双方均有利。

命题 3-3 的证明

（1）制造商先行动。求解 EE、EN、NE 和 NN 四种情形下的子博弈均衡，再根据子博弈均衡分析出制造商和零售商的入侵博弈决策。比较在制造商先行动下和在同时行动下双方的均衡利润，考察制造商先行动对双边入侵博弈的影响。

求解 EE 情形的子博弈均衡，对于给定的 w 和 q_{nm}，零售商的销量反应函数如下：

$$q_{nr}^{EE}(q_{nm}, w) = \begin{cases} \dfrac{(1-\delta)(1-q_{nm})-w}{2(1-\delta)}, & q_{nm} \leqslant \dfrac{1-\delta-w}{1-\delta} \\ 0, & q_{nm} > \dfrac{1-\delta-w}{1-\delta} \end{cases}, \quad q_s^{EE}(q_{nm}, w) = \frac{w}{2(1-\delta)}$$

将 $q_{nr}^{EE}(q_{nm}, w)$ 和 $q_s^{EE}(q_{nm}, w)$ 代入制造商利润函数中，得到：

$$\prod_M^{EE}(q_{nm}, w) = \begin{cases} \dfrac{w((1-\delta)(1-q_{nm})-w)}{2(1-\delta)}, & q_{nm} \leq \dfrac{1-\delta-w}{1-\delta} \\[4mm] \dfrac{(2-2c-\delta+\delta q_{nm}-2q_{nm})q_{nm}}{2}, & q_{nm} > \dfrac{1-\delta-w}{1-\delta} \end{cases}$$

根据 $\prod_M^{EE}(q_{nm}, w)$，制造商求解最优的 q_{nm}^{EE} 和 w^{EE}，得到：

$$q_{nm}^{EE} = \begin{cases} \dfrac{1-2c}{2}, & c \leq \dfrac{1}{2} \\[4mm] \dfrac{2c-1}{2}, & c > \dfrac{1}{2} \end{cases}, \quad w^{EE} = \dfrac{1-\delta}{2}$$

再将 q_{nm}^{EE} 和 w^{EE} 代入 $q_{nr}^{EE}(q_{nm}, w)$ 和 $q_s^{EE}(q_{nm}, w)$，便可得到均衡零售渠道和自有品牌产品销量：

$$q_{nr}^{EE} = \begin{cases} \dfrac{c}{2}, & c \leq \dfrac{1}{2} \\[4mm] \dfrac{1}{4}, & c > \dfrac{1}{2} \end{cases}, \quad q_s^{EE} = \dfrac{1}{4}$$

将均衡的 q_{nr}^{EE}、q_s^{EE}、q_{nm}^{EE} 和 w^{EE} 代入两企业的利润函数中，得到：

$$\prod_M^{EE} = \begin{cases} \dfrac{1-\delta+(1-2c)^2}{8}, & c \leq \dfrac{1}{2} \\[4mm] \dfrac{1-\delta}{8}, & c > \dfrac{1}{2} \end{cases}, \quad \prod_R^{EE} = \begin{cases} \dfrac{1-\delta+(1-2c)^2}{8}, & c \leq \dfrac{1}{2} \\[4mm] \dfrac{(1+4c)\delta+4c^2}{16}, & c > \dfrac{1}{2} \end{cases}$$

在子博弈 EN 情形下，给定 w 和 q_{nm}，零售商最优的订购量为：

$$q_{nr}^{EN}(q_{nm}, w) = \begin{cases} \dfrac{1-q_{nm}-w}{2}, & q_{nm} \leq 1-w \\[4mm] 0, & q_{nm} > 1-w \end{cases}$$

将 $\breve{q}_{nr}^{EN}(q_{nm}, w)$ 代入制造商利润函数中得到：

$$\prod_{M}^{EN}(q_{nm},\ w) = \begin{cases} \dfrac{q_{nm}(1 - q_{nm} - 2c) - (1 - w)w}{2}, & q_{nm} \leqslant 1 - w \\[3mm] (1 - c - q_{nm})q_{nm}, & q_{nm} > 1 - w \end{cases}$$

解得制造商直销渠道最优销量和批发价格为：

$$q_{nm}^{EN} = \begin{cases} \dfrac{1-2c}{2}, & c \leqslant \dfrac{1}{2} \\[3mm] 0, & c > \dfrac{1}{2} \end{cases}, \quad w^{EN} = \begin{cases} \dfrac{1}{2}, & c \leqslant \dfrac{1}{2} \\[3mm] \dfrac{1+c}{2}, & c > \dfrac{1}{2} \end{cases}$$

再将 q_{nm}^{EN} 和 w^{EN} 代入 $q_{nr}^{EN}(q_{nm},\ w)$，得到 $q_{nr}^{EN} = \dfrac{c}{2}$。将 q_{nr}^{EN}、q_{nm}^{EN} 和 w^{EN} 代入两企业的利润函数中，得到：

$$\prod_{M}^{EN} = \begin{cases} \dfrac{2c^2 - 2c + 1}{4}, & c \leqslant \dfrac{1}{2} \\[3mm] \dfrac{1 - c^2}{8}, & c > \dfrac{1}{2} \end{cases}, \quad \prod_{R}^{EN} = \begin{cases} \dfrac{c^2}{4}, & c \leqslant \dfrac{1}{2} \\[3mm] \dfrac{(1 - c)^2}{16}, & c > \dfrac{1}{2} \end{cases}$$

由于子博弈 NE 和 NN 的均衡解与同时进行销量决策下的均衡解相同，因此，此处省略证明。根据四个子博弈下的均衡利润，两企业各自以自身利用最大化为目标，制定入侵策略。按照与命题 3-1 的证明过程，不难得出当 $c \leqslant \dfrac{1}{2}$ 时，双边入侵博弈均衡为 (E, E)；当 $c > \dfrac{1}{2}$ 时，博弈均衡为 (N, E)。

比较在制造商先决定销量和同时决定下双方的均衡利润，考察制造商先行动对双边入侵博弈的影响。为了便于区分，采用 $M(\cdot)$ 表示制造商先决定销量时的均衡利润，那么比较制造商先决定销量时和同时决定销量时两企业的均衡利润，可以得到：

$$M\left(\prod_{M}^{EE}\right) - \prod_{M}^{EE} = \frac{(2c - \delta)^2}{8(10 - \delta)} > 0$$

$$M\left(\prod_R^{EE}\right) - \prod_R^{EE} = \frac{\left(\left(64-\delta\right)\delta + 2\left(36 + 11\delta - 2\delta^2\right)c\right)\left(2c-\delta\right)}{16\left(10-\delta\right)^2}$$

不难发现，如果 $c \geqslant \dfrac{\delta}{2}$，则 $M\left(\prod_R^{EE}\right) \geqslant \prod_R^{EE}$；如果 $c < \dfrac{\delta}{2}$，则 $M\left(\prod_R^{EE}\right) <$

$\prod_R^{EE}$。根据命题 3-2，当 $t_2 \leqslant c < \min\{t_1, t_3\}$，双边入侵在同时决策下会造成双输的结果。在此区域，比较得出，当 $\max\left\{t_2, \dfrac{\delta}{2}\right\} \leqslant c < \min\{t_1, t_3\}$ 时，制造商先进行销量决策能够提高收益。

（2）零售商先行动。同样首先分析 EE、EN、NE、NN 四种情形下的子博弈均衡。在 EE 情形下，给定 q_{nr} 和 q_s，制造商的最优直销渠道销量为：

$$q_{nm}^{EE}(q_{nr}, q_s) = \frac{1 - c - q_{nr} - \delta q_s}{2}$$

将 $q_{nm}^{EE}(q_{nr}, q_s)$ 代入零售商利润函数，解得最优的 $q_{nr}^{EE}(w)$ 和 $q_s^{EE}(w)$ 为：

$$q_{nr}^{EE}(w) = \begin{cases} \dfrac{(1+c)(1-\delta) - w(2-\delta)}{2(1-\delta)}, & w < \min\left\{\dfrac{1-3c}{2}, \dfrac{2(1-\delta)(1-c)}{\delta}\right\} \\[3mm] \dfrac{2(1-c)(1-\delta) - \delta w}{2(1-\delta)}, & \dfrac{1-3c}{2} < w < \dfrac{2(1-\delta)(1-c)}{\delta} \\[3mm] \dfrac{1-\delta-w}{2(1-\delta)}, & w > \dfrac{2(1-\delta)(1-c)}{\delta} \ \text{and} \ c > \dfrac{4-3\delta}{4-\delta} \\[3mm] 0, & w > \dfrac{2(1-\delta)(1-c)}{\delta} \ \text{and} \ c < \dfrac{4-3\delta}{4-\delta} \end{cases},$$

$$q_s^{EE}(w) = \begin{cases} \dfrac{1+c}{2(2-\delta)}, & w > \dfrac{2(1-\delta)(1-c)}{\delta} \ \text{and} \ c < \dfrac{4-3\delta}{4-\delta} \\[3mm] \dfrac{w}{2(1-\delta)}, & \text{otherwise} \end{cases}$$

将 $q_{nm}^{EE}(q_{nr}, q_s)$、$q_{nr}^{EE}(w)$ 和 $q_s^{EE}(w)$ 代入制造商利润函数中，解得最优的 w^{EE} 为：

$$w^{EE} = \begin{cases} \dfrac{(1-\delta)(3-c)}{2(3-\delta)}, & c \leqslant \dfrac{3-2\delta}{5-2\delta} \\[3mm] \dfrac{1-3c}{2}, & \dfrac{3-2\delta}{5-2\delta} < c \leqslant \dfrac{2-\delta}{2+\delta} \\[3mm] \dfrac{(1-\delta)(1-c)}{\delta}, & \dfrac{2-\delta}{2+\delta} < c \leqslant 1-\dfrac{\delta}{4} \\[3mm] \dfrac{1-\delta}{2}, & c > 1-\dfrac{\delta}{4} \end{cases}$$

因此，两企业在 EE 子博弈下的均衡利润为：

$$\prod{}_M^{EE} = \begin{cases} \dfrac{((14-5\delta)c^2 - 6(2-\delta)c + 6 - 5\delta)}{8(3-\delta)}, & c \leqslant \dfrac{3-2\delta}{5-2\delta} \\[3mm] \dfrac{(4(1-c) - \delta(3-c))(3c-1)}{8(1-\delta)}, & \dfrac{3-2\delta}{5-2\delta} < c \leqslant \dfrac{2-\delta}{2+\delta} \\[3mm] \dfrac{(1-c)^2(1-\delta)}{2\delta}, & \dfrac{2-\delta}{2+\delta} < c \leqslant 1-\dfrac{\delta}{4} \\[3mm] \dfrac{1-\delta}{8}, & c > 1-\dfrac{\delta}{4} \end{cases}$$

$$\prod{}_R^{EE} = \begin{cases} \dfrac{(32-31\delta+7\delta^2)c^2 + 2(13-5\delta)c\delta + (9-\delta)\delta}{16(3-\delta)^2}, & c \leqslant \dfrac{3-2\delta}{5-2\delta} \\[3mm] \dfrac{8(1-c)^2 - (7-10c-c^2)\delta}{16(1-\delta)}, & \dfrac{3-2\delta}{5-2\delta} < c \leqslant \dfrac{2-\delta}{2+\delta} \\[3mm] \dfrac{(1-c)(c(3+\delta) - 3(1-\delta))}{4\delta}, & \dfrac{2-\delta}{2+\delta} < c \leqslant 1-\dfrac{\delta}{4} \\[3mm] \dfrac{1+3\delta}{16}, & c > 1-\dfrac{\delta}{4} \end{cases}$$

按照与 EE 相同的分析方法，不难得到 EN、NE 和 NN 情形的子博弈均衡。采用命题 3-1 相同的分析方法，不难得到当 $c \leqslant t'_4$ 时，子博弈完美纳什均衡为 EE；当 $c > t'_4$ 时，子博弈完美纳什均衡为 NE，其中，$t'_4 = \dfrac{3-2\delta}{5-2\delta}$。

采用 $R(\cdot)$ 表示零售商先决定销量时的均衡利润，比较同时决定销量和零售商先决定销量时的企业利润，不难得到，当 $c \geq t_4$ 时，$R(\prod{}_{M}^{EE}) \geq \prod{}_{M}^{EE}$；当 $c < t_4$ 时，$R(\prod{}_{M}^{EE}) < \prod{}_{M}^{EE}$。并且，$R(\prod{}_{R}^{EE}) > \prod{}_{R}^{EE}$。在同时决策造成的双输局面的区域 $t_2 \leq c < \min\{t_1, t_3\}$ 内，比较发现，当 $\max\{t_2, t_4\} \leq c < \min\{t_1, t_3\}$ 时，零售商先进行销量决策能够提高双方的利润。

命题 3-4 的证明

当制造商延迟采取入侵行动时，先分析给定零售商的选择下制造商的选择，然后根据制造商的决策确定零售商的选择。回顾命题 3-1，给定零售商选择 E，如果 $0 \leq c \leq t_1$，则制造商选择 E；如果 $t_1 < c < 1$，制造商选择 N。令：

$$t_5 = t''_1 = \frac{10 - \sqrt{10}}{18}$$

那么，给定零售商 N，若 $0 \leq c < t_5$，则制造商选择 E；若 $t_5 \leq c \leq 1$，则制造商选择 N。

接下来，分析零售商的入侵策略，零售商通过预测制造商的选择确定最优的入侵策略。首先，如果 $0 \leq c \leq t_5$，那么比较零售商在 EE 情形和 EN 情形下的最优利润可得：

$$\prod{}_{R}^{EE} - \prod{}_{R}^{EN} = \frac{4\delta(1 - \delta)(5 - c)(125 + 55\delta + 455c - 59c\delta)}{400(1 - \delta)(10 - \delta)^2} > 0$$

因此，如果 $0 \leq c \leq t_5$，则零售商选择 E。

其次，如果 $t_5 < c < t_1$，那么比较零售商在 EE 情形和 NN 情形下的最优利润可得：

$$\prod{}_{R}^{EE} - \prod{}_{R}^{NN} = \frac{f_6(c)}{16(1 - \delta)(10 - \delta)^2}$$

其中，如果 $t_5 < c \leqslant \min\{t_1, t_3\}$，则存在 $\prod_R^{EE} \leqslant \prod_R^{NN}$，那么零售商选择 N；如果 $t_3 < c \leqslant t_1$，则存在 $\prod_R^{EE} > \prod_R^{NN}$，那么零售商选择 E。

最后，如果 $t_1 \leqslant c \leqslant 1$，那么比较零售商在 NE 情形和 NN 情形下的利润可得：

$$\prod_R^{NE} - \prod_R^{NN} = \frac{3\delta}{16} > 0$$

因此，此时零售商选择 E。

根据以上的分析，采用画线法分析，不难得到在零售商首先制定入侵决策时的双边入侵博弈均衡。如果 $0 \leqslant c \leqslant t_5$ 或 $\max\{t_3, t_5\} < c \leqslant t_1$，均衡为 (E, E)；如果 $t_5 < c \leqslant \min\{t_1, t_3\}$，均衡为 (N, N)；如果 $t_1 < c \leqslant 1$，均衡为 (N, E)。

附录 2　第 4 章证明

为了便于阐述，定义：

$$\widehat{\pi}_M^{EE1} = \frac{(12-8c-\delta(2+\delta)-2\delta(4-\delta)\varepsilon)(6-3\delta-4c)}{8(4-\delta)^2}$$

$$\widehat{\pi}_M^{EE2} = \frac{45-18(1+\varepsilon)\delta+4(9-\delta)c^2-12(6-\delta-2\varepsilon)c}{8(10-\delta)}$$

$$\widehat{\pi}_M^{EE3} = \frac{3(1-\delta)(1+4\varepsilon)}{32}, \quad \widehat{\pi}_R^{EE1} = \frac{\delta(2+\delta+4c+2(4-\delta)\varepsilon)^2}{16(4-\delta)^2}$$

$$\widehat{\pi}_R^{EE2} = \frac{4(5-8c-10\varepsilon)^2+4(2-c-\varepsilon)(17-3c-\varepsilon)\delta^2-(155-4c(157-31c-56\varepsilon)-80\varepsilon(10-\varepsilon))\delta}{16(10-\delta)^2}$$

$$\widehat{\pi}_R^{EE3} = \frac{3\delta(8\varepsilon+5)+(4\varepsilon+1)^2}{64}, \quad \widehat{\pi}_M^{EN1} = \frac{(3-2c)^2}{16}$$

$$\widehat{\pi}_M^{EN2} = \frac{45-3c(6-3c-2\varepsilon)}{80}, \quad \widehat{\pi}_R^{EN1} = 0, \quad \widehat{\pi}_R^{EN2} = \frac{(5-8c-10\varepsilon)^2}{400}$$

命题 4-2 的证明

在无信息分享情形下，零售商在制定入侵策略时掌握了确切的市场需求，而制造商仅知道市场需求的分布。因此，零售商可通过比较在每种入侵情形子博弈均衡下的事后收益来决定是否入侵；而制造商则只能根据每种入侵情形子博弈均衡下的事前期望利润决定是否入侵。制造商和零售商在无信息共享情形下的事后收益如下：

（1）EE 情形。EE 情形子博弈均衡下的企业各渠道和各产品的销量决策如下：

1）当 $0<c\leqslant\dfrac{3(5-2\delta)}{2(7-\delta)}$ 且 $0\leqslant\varepsilon\leqslant\varepsilon_0$ 时，$\widehat{q}_{nr}^{EE}=0$，$\widehat{q}_{nm}^{EE}=\dfrac{3(5-2\delta)-2(7-\delta)}{2(10-\delta)}$。

2）当 $0<c\leqslant\dfrac{3(5-2\delta)}{2(7-\delta)}$ 且 $\varepsilon_0<\varepsilon\leqslant1$ 时，$\widehat{q}_{nr}^{EE}=\dfrac{(10-\delta)\varepsilon+(8-\delta)c-(5-2\delta)}{2(10-\delta)}$，

$\widehat{q}_{nm}^{EE}=\dfrac{3(5-2\delta)-2(7-\delta)}{2(10-\delta)}$。

3）当 $\dfrac{3(5-2\delta)}{2(7-\delta)}\leqslant c<1$ 时，$\widehat{q}_{nr}^{EE}=\dfrac{(10-\delta)\varepsilon+(8-\delta)c-(5-2\delta)}{2(10-\delta)}$，$\widehat{q}_{nm}^{EE}=0$，

$\widehat{q}_{s}^{EE}=\dfrac{15-2c}{4(10-\delta)}$。

将此三组销量分别代入制造商和零售商利润函数得到两企业事后收益如下：

$$\widehat{\pi}_i^{EE1}\begin{cases}\widehat{\pi}_i^{EE1},&0<c\leqslant\dfrac{3(5-2\delta)}{2(7-2\delta)}\text{ 且 }0\leqslant\varepsilon\leqslant\varepsilon_0\\[2mm]\widehat{\pi}_i^{EE2},&0<c\leqslant\dfrac{3(5-2\delta)}{2(7-2\delta)}\text{ 且 }\varepsilon_0<\varepsilon\leqslant1\\[2mm]\widehat{\pi}_i^{EE3},&\dfrac{3(5-2\delta)}{2(7-2\delta)}<c<1\end{cases}$$

其中，$i=M$，R，$\varepsilon_0=\dfrac{(5-2\delta)-(8-\delta)c}{10-\delta}$。如果 $c<\dfrac{5-2\delta}{8-\delta}$，则 $0<\varepsilon_0<1$；如果

$c\geqslant\dfrac{5-2\delta}{8-\delta}$，$\varepsilon_0\leqslant0$。其中，$\dfrac{5-2\delta}{8-\delta}<\dfrac{3(5-2\delta)}{2(7-2\delta)}$。由 c 的大小可知，存在三组期望利

润。当 $0 < c \leqslant \dfrac{5-2\delta}{8-\delta}$ 时，在 $0 \leqslant \varepsilon \leqslant \varepsilon_0$ 区域内，$\widehat{\prod}_i^{EE} = \widehat{\prod}_i^{EE1}(i = M,\ R)$；在 $\varepsilon_0 \leqslant \varepsilon \leqslant 1$ 区域内，$\widehat{\prod}_i^{EE} = \widehat{\prod}_i^{EE2}(i = M,\ R)$。此时，计算两企业在 EE 情形下的期望利润：

$$\widehat{\prod}_M^{EE} = \int_0^{\varepsilon_0} \widehat{\pi}_M^{EE1} d\varepsilon + \int_{\varepsilon_0}^1 \widehat{\pi}_M^{EE2} d\varepsilon$$

$$= \frac{(4-\delta)^2(10-\kappa_0)\kappa_1 + (10-\delta)(6-3\delta-4c)(\kappa_0-\delta)\kappa_2}{8(4-\delta)^2(10-\delta)^3}$$

$$\widehat{\prod}_R^{EE} = \int_0^{\varepsilon_0} \widehat{\pi}_R^{EE1} d\varepsilon + \int_{\varepsilon_0}^1 \widehat{\pi}_R^{EE2} d\varepsilon = \frac{(4-\delta)^2\kappa_0\kappa_3 + \delta(\kappa_0-\delta)\kappa_4}{48(10-\delta)^3(4-\delta)^2}$$

其中：

$$\kappa_0 = 5-\delta-8c+\delta c,\quad \kappa_1 = 120-52\delta+5\delta^2-\delta^3-(80-40\delta+12\delta^2-\delta^3)c$$

$$\kappa_2 = 5(90-72\delta+9\delta^2)-(180-76\delta+7\delta^2)c+4(66-16\delta+\delta^2)c^2$$

$$\kappa_3 = 100+1165\delta+94\delta^2+(320+504\delta-110\delta^2)c+(256-148\delta+16\delta^2)c^2$$

$$\kappa_4 = \begin{bmatrix} 5200-1720\delta+564\delta^2-82\delta^3+7\delta^4+ \\ (640+2992\delta-912\delta^2+152\delta^3-10\delta^4)c+ \\ (1216-384\delta+352\delta^2-72\delta^3+4\delta^4)c^2 \end{bmatrix}$$

当 $\dfrac{5-2\delta}{8-\delta} < c \leqslant \dfrac{3(5-2\delta)}{2(7-2\delta)}$ 时，两企业在 EE 情形下的期望利润如下：

$$\widehat{\prod}_M^{EE} = \int_0^1 \widehat{\pi}_M^{EE2} d\varepsilon = \frac{45-27\delta-(60-12\delta)c+(36-4\delta)c^2}{8(10-\delta)}$$

$$\widehat{\prod}_R^{EE} = \int_0^1 \widehat{\pi}_R^{EE2} d\varepsilon$$

$$= \frac{100+655\delta+298\delta^2+12c(129\delta+21\delta^2+(64-31\delta+3\delta^2)c)}{48(10-\delta)^2}$$

当 $\dfrac{3(5-2\delta)}{2(7-2\delta)} < c < 1$ 时，两企业在 EE 情形下的期望利润如下：

$$\widehat{\prod}_{M}^{EE} = \int_{0}^{1} \widehat{\pi}_{M}^{EE3} d\varepsilon = \frac{9(1-\delta)}{32}, \quad \widehat{\pi}_{R}^{EE} = \int_{0}^{1} \widehat{\pi}_{R}^{EE3} d\varepsilon = \frac{31+81\delta}{192}$$

（2） EN 情形。依据 EN 下的均衡批发价格和销量决策，得出两企业在 EN 情形下的事后收益：

$$\widehat{\pi}_{M}^{EN} = \begin{cases} \widehat{\pi}_{M}^{EN1}, & 0 \leqslant \varepsilon \leqslant \dfrac{5-8c}{10} \\[3mm] \widehat{\pi}_{M}^{EN2}, & \dfrac{5-8c}{10} < \varepsilon \leqslant 1 \end{cases}, \quad \widehat{\pi}_{R}^{EN} = \begin{cases} \widehat{\pi}_{R}^{EN1}, & 0 \leqslant \varepsilon \leqslant \dfrac{5-8c}{10} \\[3mm] \widehat{\pi}_{R}^{EN2}, & \dfrac{5-8c}{10} < \varepsilon \leqslant 1 \end{cases}$$

按照相同的分析思路，当 $0 < c \leqslant \dfrac{5}{8}$ 时，制造商和零售商在 EN 子博弈下的期望利润为：

$$\widehat{\prod}_{M}^{EN} = \int_{0}^{\frac{5-8c}{10}} \widehat{\pi}_{M}^{EN1} d\varepsilon + \int_{\frac{5-8c}{10}}^{1} \widehat{\pi}_{M}^{EN2} d\varepsilon = \frac{9}{16} - \frac{57c}{80} + \frac{7c^{2}}{20} + \frac{8c^{3}}{125}$$

$$\widehat{\prod}_{R}^{EN} = \int_{0}^{\frac{5-8c}{10}} \widehat{\pi}_{R}^{EN1} d\varepsilon + \int_{\frac{5-8c}{10}}^{1} \widehat{\pi}_{R}^{EN2} d\varepsilon = \frac{(5+8c)^{3}}{12000}$$

当 $\dfrac{5}{8} < c < 1$ 时，两企业在 EN 子博弈下的期望利润为：

$$\widehat{\prod}_{M}^{EN} = \int_{0}^{1} \widehat{\pi}_{M}^{EN2} d\varepsilon = \frac{9}{16} - \frac{3c}{4} + \frac{9c^{2}}{20}, \quad \widehat{\prod}_{R}^{EN} = \int_{0}^{1} \widehat{\pi}_{R}^{EN2} d\varepsilon = \frac{1}{48} + \frac{4c^{2}}{25}$$

（3） NE 情形。依据 NE 下的均衡批发价格和销量决策，得出两企业在 NE 情形下的事后收益：

$$\widehat{\pi}_{M}^{NE} = \frac{3(1-\delta)(1+4\varepsilon)}{32}, \quad \widehat{\pi}_{R}^{NE} = \frac{3\delta(8\varepsilon+5)+(4\varepsilon+1)^{2}}{64}$$

制造商和零售商在 NE 子博弈下的事前期望利润为：

$$\widehat{\prod}_{M}^{NE} = \int_{0}^{1} \widehat{\pi}_{M}^{NE} d\varepsilon = \frac{9(1-\delta)}{32}, \quad \widehat{\prod}_{R}^{NE} = \int_{0}^{1} \widehat{\pi}_{R}^{NE} d\varepsilon = \frac{31+81\delta}{192}$$

（4） NN 情形。依据 NN 下的均衡批发价格和销量决策，得出两企业在 NN

情形下的事后收益：

$$\widehat{\pi}_M^{NN} = \frac{3+12\varepsilon}{32}, \quad \widehat{\pi}_R^{NN} = \frac{(1+4\varepsilon)^2}{64}$$

制造商和零售商在 NN 子博弈下的事前期望利润为：

$$\widehat{\prod}_M^{NN} = \int_0^1 \widehat{\pi}_M^N d\varepsilon = \frac{9}{32}, \quad \widehat{\prod}_R^{NN} = \int_0^1 \widehat{\pi}_R^N d\varepsilon = \frac{31}{192}$$

接下来，考察存在信息共享下的双边入侵博弈。给定制造商选择 E，分析零售商的选择。由于 $\frac{5-2\delta}{8-\delta} < \frac{5}{8} < \frac{3(5-2\delta)}{2(7-2\delta)}$ 且 $\varepsilon_0 < \frac{5-8c}{10}$，当 $0 < c \leqslant \frac{5-2\delta}{8-\delta}$ 时，比较零售商在 EE 和 EN 下的利润，得到：

$$\widehat{\pi}_R^{EE} - \widehat{\pi}_R^{EN} = \begin{cases} \widehat{\pi}_R^{EE1} - \widehat{\pi}_R^{EN1}, & 0 \leqslant \varepsilon \leqslant \varepsilon_0 \\[2mm] \widehat{\pi}_R^{EE2} - \widehat{\pi}_R^{EN1}, & \varepsilon_0 < \varepsilon \leqslant \dfrac{5-8c}{10} \\[2mm] \widehat{\pi}_R^{EE2} - \widehat{\pi}_R^{EN2}, & \dfrac{5-8c}{10} < \varepsilon \leqslant 1 \end{cases}$$

由于 $\widehat{\pi}_R^{EN1} = 0$，因此，当 $0 \leqslant \varepsilon \leqslant \frac{5-8c}{10}$ 时，$\widehat{\pi}_R^{EE} > \widehat{\pi}_R^{EN}$。当 $\frac{5-8c}{10} < \varepsilon \leqslant 1$ 时，则：

$$\widehat{\pi}_R^{EE2} - \widehat{\pi}_R^{EN2} = \frac{\delta(15-2c)(120(10-\delta)\varepsilon + 2(455-59\delta)c - 225(1-\delta))}{400(10-\delta)^2}$$

不难得到，仅当 $\varepsilon > \frac{2(455-59\delta)c - 225(1-\delta)}{120(10-\delta)}$ 时，$\widehat{\pi}_R^{EE2} > \widehat{\pi}_R^{EN2}$。由于 $\frac{5-8c}{10} > \frac{2(455-59\delta)c - 225(1-\delta)}{120(10-\delta)}$，当 $\frac{5-8c}{10} < \varepsilon \leqslant 1$ 时，$\widehat{\pi}_R^{EE2} > \widehat{\pi}_R^{EN2}$。

当 $\frac{5-2\delta}{8-\delta} < c \leqslant \frac{5}{8}$ 时，比较零售商在 EE 和 EN 两种情形下的利润：

$$\widehat{\pi}_R^{EE} - \widehat{\pi}_R^{EN} = \begin{cases} \widehat{\pi}_R^{EE2} - \widehat{\pi}_R^{EN1}, & 0 \leqslant \varepsilon \leqslant \dfrac{5-8c}{10} \\[2mm] \widehat{\pi}_R^{EE2} - \widehat{\pi}_R^{EN2}, & \dfrac{5-8c}{10} < \varepsilon \leqslant 1 \end{cases}$$

当 $\dfrac{5}{8} \leqslant c \leqslant \dfrac{3(5-2\delta)}{2(7-2\delta)}$ 时，比较 EE 和 EN 两种情形下的零售商利润：

$$\widehat{\pi}_R^{EE} - \widehat{\pi}_R^{EN} = \widehat{\pi}_R^{EE2} - \widehat{\pi}_R^{EN2}$$

同样，不难得到，当 $\dfrac{5-2\delta}{8-\delta} < c \leqslant \dfrac{5}{8}$ 和 $\dfrac{5}{8} \leqslant c \leqslant \dfrac{3(5-2\delta)}{2(7-2\delta)}$ 时，$\widehat{\pi}_R^{EE} > \widehat{\pi}_R^{EN}$。

当 $\dfrac{3(5-2\delta)}{2(7-2\delta)} \leqslant c \leqslant 1$ 时，比较 EE 和 EN 情形下的零售商利润：

$$\widehat{\pi}_R^{EE} - \widehat{\pi}_R^{EN} = \widehat{\pi}_R^{EE3} - \widehat{\pi}_R^{EN2} = \dfrac{(15+15\delta-16c)\varepsilon}{40} + \dfrac{(5-4c)c}{25} + \dfrac{15\delta-3}{64}$$

存在 $\varepsilon' = -\dfrac{75-375\delta-320c+256c^2}{40(15+15\delta-16c)}$，使当 $\varepsilon \leqslant \varepsilon'$ 时，$\widehat{\pi}_R^{EE3} \leqslant \widehat{\pi}_R^{EN2}$；当 $\varepsilon > \varepsilon'$ 时，

$\widehat{\pi}_R^{EE3} > \widehat{\pi}_R^{EN2}$。但由于在 $\dfrac{3(5-2\delta)}{2(7-2\delta)} \leqslant c \leqslant 1$ 内，$\varepsilon' < 0$。因此，$\widehat{\pi}_R^{EE3} > \widehat{\pi}_R^{EN2}$ 成立。综合

以上的分析可以得出，给定制造商选择 E，那么零售商也会选择 E。

如果给定制造商选择 N，考察零售商的选择，则比较零售商在 NE 和 NN 下的均衡利润：

$$\widehat{\pi}_R^{NE} - \widehat{\pi}_R^{NN} = \dfrac{3\delta(5+8\varepsilon)}{64} > 0$$

因此，如果制造商选择 N，零售商仍然选择 E。

接下来，给定零售商的选择，考察制造商的入侵策略。在无信息共享下，制造商依据每种入侵情况子博弈均衡下的期望利润制定入侵策略。由于此前的分析发现，无论制造商是否入侵，零售商总是选择入侵。因此，为求解入侵的纳什均衡，仅需比较制造商在 EE 和 NE 情形下的期望利润。

如果 $0 < c \leqslant \dfrac{5-2\delta}{8-\delta}$，比较制造商在 EE 和 NE 情形下的期望利润如下：

$$\widehat{\prod}_M^{EE} - \widehat{\prod}_M^{NE} = \dfrac{f_1(c)}{32(-4+\delta)^2(10-\delta)^3}$$

其中：

$$f_1(c) = \begin{bmatrix} 32(1-\delta)(16-\delta)(8-\delta)^2 c^3 + (209\delta^4 - 919\delta^3 + 2210\delta^2 - 6848\delta + \\ 11200)c^2 - 4(91200 - 74240\delta + 21188\delta^2 - 4146\delta^3 + 1157\delta^4 - \\ 176\delta^5 + 9\delta^6)c + \delta^5(3\delta - 83)c^2 + 3(4516 - 1046\delta + 21\delta^2 + 5\delta^3)\delta^3 + \\ 1200(120 - 88\delta + 3\delta^2) \end{bmatrix}$$

令 $f'(c) = \dfrac{\partial f_1(c)}{\partial c}$。其中，$f'(c)$ 是关于 c 的二次函数，且二次项系数为正，

同时求解 $f'(c) = 0$ 可以得到：

$$r_1 = -\frac{(10-\delta)\sqrt{\kappa_5} + 44800 - 27392\delta + 8840\delta^2 - 3676\delta^3 + 836\delta^4 - 83\delta^5 + 3\delta^6}{24(1-\delta)(16-\delta)(8-\delta)^2}$$

$$r_2 = \frac{(10-\delta)\sqrt{\kappa_5} - (44800 - 27392\delta + 8840\delta^2 - 3676\delta^3 + 836\delta^4 - 83\delta^5 + 3\delta^6)}{24(1-\delta)(16-\delta)(8-\delta)^2}$$

其中：

$$\kappa_5 = \begin{bmatrix} 42483712 - 63709184\delta + 39115776\delta^2 - 14523776\delta^3 + 4269968\delta^4 \\ -1135384\delta^5 + 255964\delta^6 - 43164\delta^7 + 4861\delta^8 - 318\delta^9 + 9\delta^{10} \end{bmatrix}$$

由于 $r_1 < 0$ 且 $r_2 > \dfrac{5-2\delta}{8-\delta}$，所以在 $0 \leqslant c \leqslant \dfrac{5-2\delta}{8-\delta}$ 区域内，$f'(c) < 0$，即 $f_1(c)$ 是关

于 c 的严格单调递减函数。再将区间 $0 \leqslant c \leqslant \dfrac{5-2\delta}{8-\delta}$ 的端点 $c = 0$ 和 $c = \dfrac{5-2\delta}{8-\delta}$ 代入函

数 $f_1(c)$，可以得到：

$$f_1(c=0) = 144000 - 105600\delta + 3600\delta^2 + 13548\delta^3 - 3138\delta^4 + 63\delta^5 + 15\delta^6 > 0$$

$$f_1\left(c = \frac{5-2\delta}{8-\delta}\right) = -\frac{(24 - 164\delta + 77\delta^2 - 9\delta^3)(4-\delta)^2(10-\delta)^3}{(-8+\delta)^2}$$

当存在 $\delta = \delta_1$，使当 $\delta < \delta_1$ 时，$f_1\left(c = \dfrac{5-2\delta}{8-\delta}\right) < 0$；当 $\delta \geqslant \delta_1$ 时，$f_1\left(c = \dfrac{5-2\delta}{8-\delta}\right) \geqslant$

0。因此，必定存在 $c = l_1$，使 $f_1(c = l_1) = 0$，且若 $c \leqslant l_1$，则 $f_1(c) \geqslant 0$，即 $\prod_M^{EE} \geqslant$

$\widehat{\prod}_M^{NE}$；若 $c > l_1$，$f_1(c) < 0$，即 $\widehat{\prod}_M^{EE} < \widehat{\prod}_M^{NE}$。而当 $\delta \geqslant \delta_1$ 时，总有 $\widehat{\prod}_M^{EE} \geqslant \widehat{\prod}_M^{NE}$。

如果 $\dfrac{5-2\delta}{8-\delta} < c \leqslant \dfrac{3(5-2\delta)}{2(7-2\delta)}$，比较制造商在 EE 和 NE 情形下的期望利润如下：

$$\widehat{\prod}_M^{EE} - \widehat{\prod}_M^{NE} = \frac{16(9-\delta)c^2 - 48(5-\delta)c + 90 - 9\delta - 9\delta^2}{32(10-\delta)}$$

令 $\widehat{\prod}_M^{EE} - \widehat{\prod}_M^{NE} = 0$，求解得到：

$$l_2 = \frac{3(1-\delta)\sqrt{10-\delta} - 5(1-\delta)}{36-4\delta}, \quad l'_2 = \frac{3(1-\delta)\sqrt{10-\delta} + 5(1-\delta)}{9(4-\delta)}$$

其中，$l'_2 > \dfrac{3(5-2\delta)}{2(7-2\delta)}$，且当 $\delta \leqslant \delta_1$ 时，$l_2 \geqslant \dfrac{5-2\delta}{8-\delta}$；当 $\delta > \delta_1$ 时，$\dfrac{5-2\delta}{8-\delta} < l_2 < \dfrac{3(5-2\delta)}{2(7-2\delta)}$。因此，当 $\delta \leqslant \delta_1$ 时，$\widehat{\prod}_M^{EE} \geqslant \widehat{\prod}_M^{NE}$；当 $\delta > \delta_1$ 时，如果 $c \leqslant l_2$，则 $\widehat{\prod}_M^{EE} \geqslant \widehat{\prod}_M^{NE}$，如果 $c > l_2$，则 $\widehat{\prod}_M^{EE} < \widehat{\prod}_M^{NE}$。

令 $c_0 = \begin{cases} l_1, & \delta \leqslant \delta_1 \\ l_2, & \delta > \delta_1 \end{cases}$。综合 $0 \leqslant c \leqslant \dfrac{5-2\delta}{8-\delta}$ 和 $\dfrac{5-2\delta}{8-\delta} < c \leqslant \dfrac{3(5-2\delta)}{2(7-2\delta)}$ 两区间的分析，可以得到，当 $c < c_0$ 时，$\widehat{\prod}_M^{EE} \geqslant \widehat{\prod}_M^{NE}$，制造商选择 E；当 $c > c_0$ 时，$\widehat{\prod}_M^{EE} < \widehat{\prod}_M^{NE}$，制造商选择 N。

如果 $\dfrac{3(5-2\delta)}{2(7-2\delta)} < c \leqslant 1$，比较制造商在 EE 和 NE 情形下的期望利润如下：

$$\widehat{\prod}_M^{EE} - \widehat{\prod}_M^{NE} = 0$$

由于制造商在此时入侵的直销渠道销量 $\widehat{q}_{nm}^{EE} = 0$，因此，制造商选择不入侵。

综上所述，如果零售商不分享市场需求信息，则当 $c \leqslant c_0$ 时，制造商和零售商的双边入侵博弈均衡为（E，E）；如果 $c > c_0$，制造商和零售商的双边入侵

博弈均衡为 (N, E)。

命题 4-4 的证明

在信息分享情形下，两企业在制定入侵策略时均已知道确切的市场需求，因此，均通过比较在每种入侵情形子博弈均衡的事后收益来决定是否入侵。制造商和零售商在信息共享下的事后收益如下：

（1）EE 情形。依据 EE 下的子博弈均衡销量和批发价格决策，得出制造商和零售商的事后收益分别为：

$$\breve{\pi}_M^{EE} = \begin{cases} \breve{\pi}_M^{EE1} = \dfrac{(1+\varepsilon)^2(1-\delta)}{8}, & 0 \leq \varepsilon \leq \varepsilon_1 \\[3mm] \breve{\pi}_M^{EE2} = \dfrac{(1+\varepsilon)^2(5-3\delta)-2(1+\varepsilon)(5-\delta)c+(9-\delta)c^2}{2(10-\delta)}, & \varepsilon_1 < \varepsilon \leq 1 \end{cases}$$

$$\breve{\pi}_R^{EE} = \begin{cases} \breve{\pi}_R^{EE1} = \dfrac{(1+\varepsilon)^2(1+3\delta)}{16}, & 0 \leq \varepsilon \leq \varepsilon_1 \\[3mm] \breve{\pi}_R^{EE2} = \dfrac{\delta(1+\varepsilon)((1+\varepsilon)(11\delta+25)+2(43-7\delta)c)+(3\delta^2-31\delta+64)c^2}{4(10-\delta)^2}, & \varepsilon_1 < \varepsilon \leq 1 \end{cases}$$

如果 $0 < c \leq \dfrac{5-2\delta}{7-\delta}$，$\varepsilon_1 < 0$；如果 $\dfrac{5-2\delta}{7-\delta} < c \leq 1$，$0 < \varepsilon_1 < 1$。因此，当 $0 < c \leq \dfrac{5-2\delta}{7-\delta}$ 时，两企业在 EE 情形下的期望利润为：

$$\widetilde{\prod}_M^{EE} = \int_0^1 \breve{\pi}_M^{EE2} d\varepsilon = \frac{35-21\delta-9(5-\delta)c+3(9-\delta)c^2}{6(10-\delta)}$$

$$\widetilde{\prod}_R^{EE} = \int_0^1 \breve{\pi}_R^{EE2} d\varepsilon = \frac{7\delta(25+11\delta)+9\delta(43-7\delta)c+3(64-31\delta+3\delta^2)c^2}{12(10-\delta)^2}$$

当 $\dfrac{5-2\delta}{7-\delta} < c \leq 1$ 时，两企业在 EE 情形下的期望利润为：

$$\widetilde{\prod}_M^{EE} = \int_0^{\varepsilon_1} \breve{\pi}_M^{EE1} d\varepsilon + \int_{\varepsilon_1}^1 \breve{\pi}_M^{EE2} d\varepsilon$$

$$= \frac{\begin{bmatrix} (5-2\delta)^3(150-85\delta-\delta^2-48(5-\delta)c+24(9-\delta)c^2)- \\ (7-\delta)(1090-1089\delta+299\delta^2-11\delta^3-\delta^4)c^3 \end{bmatrix}}{24(10-\delta)(5-2\delta)^3}$$

$$\widehat{\prod}_R^{EE} = \int_0^{\varepsilon_1} \breve{\pi}_R^{EE1} d\varepsilon + \int_{\varepsilon_1}^1 \breve{\pi}_R^{EE2} d\varepsilon$$

$$= \frac{\begin{bmatrix} (5-2\delta)^3(24c((64-31\delta+3\delta^2)c+86\delta-14\delta^2)-100+ \\ 520\delta+411\delta^2-3\delta^3)-(7-\delta)(14300-14020\delta+6135\delta^2- \\ 1349\delta^3+121\delta^4-3\delta^5)c^3 \end{bmatrix}}{48(10-\delta)^2(5-2\delta)^3}$$

（2）EN 情形。根据企业在 EN 情形下的均衡批发价格和销量决策，得出两企业在 EN 情形下的事后收益为：

$$\breve{\pi}_M^{EN} = \begin{cases} \breve{\pi}_M^{EN1} = \dfrac{(1+\varepsilon)^2}{8}, & 0 \leqslant \varepsilon \leqslant \dfrac{7c-5}{5} \\[3mm] \breve{\pi}_M^{EN2} = \dfrac{5(1+\varepsilon)^2-10(1+\varepsilon)c+9c^2}{20}, & \dfrac{7c-5}{5} < \varepsilon \leqslant 1 \end{cases}$$

$$\breve{\pi}_R^{EN} = \begin{cases} \breve{\pi}_R^{EN1} = \dfrac{(1+\varepsilon)^2}{16}, & 0 \leqslant \varepsilon \leqslant \dfrac{7c-5}{5} \\[3mm] \breve{\pi}_R^{EN2} = \dfrac{4c^2}{25}, & \dfrac{7c-5}{5} < \varepsilon \leqslant 1 \end{cases}$$

当 $0<c \leqslant \dfrac{5}{7}$ 时，两企业在 EN 情形下的期望利润为：

$$\widetilde{\prod}_M^{EN} = \int_0^1 \breve{\pi}_M^{EN2} d\varepsilon = \frac{35-45c+27c^2}{60}, \quad \widehat{\prod}_R^{EN} = \int_0^1 \breve{\pi}_R^{EN2} d\varepsilon = \frac{4c^2}{25}$$

当 $\dfrac{5}{7}<c<1$ 时，两企业在 EN 情形下的期望利润为：

$$\widetilde{\prod}_M^{EN} = \int_0^{\varepsilon_1} \breve{\pi}_M^{EN1} d\varepsilon + \int_{\varepsilon_1}^1 \breve{\pi}_M^{EN2} d\varepsilon = \frac{1875-3000c+2700c^2-763c^3}{3000}$$

$$\overline{\prod}_R^{EN} = \int_0^{\varepsilon_1} \breve{\pi}_R^{EN1} d\varepsilon + \int_{\varepsilon_1}^1 \breve{\pi}_R^{EN2} d\varepsilon = \frac{1920c^2 - 125 - 1001c^3}{6000}$$

（3）NE 情形。依据企业在 NE 情形下的均衡批发价格和销量决策，得出两企业在 NE 情形下的事后收益为：

$$\breve{\pi}_M^{NE} = \frac{(1-\delta)(1+\varepsilon)^2}{8}, \quad \breve{\pi}_R^{NE} = \frac{(1+3\delta)(1+\varepsilon)^2}{16}$$

制造商和零售商在 NE 情形下的期望利润为：

$$\overline{\prod}_M^{NE} = \int_0^1 \breve{\pi}_M^{NE} d\varepsilon = \frac{7(1-\delta)}{24}, \quad \overline{\prod}_R^{NE} = \int_0^1 \breve{\pi}_R^{NE} d\varepsilon = \frac{7(1+3\delta)}{48}$$

（4）NN 情形。依据企业在 NN 情形下的均衡批发价格和销量决策，得到两企业在 NN 情形下的事后收益如下：

$$\breve{\pi}_M^{NN} = \frac{(1+\varepsilon)^2}{8}, \quad \breve{\pi}_R^{NE} = \frac{(1+\varepsilon)^2}{16}$$

两企业在 NN 情形下的期望利润分别为：

$$\overline{\prod}_M^{NN} = \int_0^1 \breve{\pi}_M^{NN} d\varepsilon = \frac{7}{24}, \quad \overline{\prod}_R^{NE} = \int_0^1 \breve{\pi}_R^{NE} d\varepsilon = \frac{7}{48}$$

接下来，分析信息共享下的双边入侵博弈。给定零售商选择 E，分析制造商的选择。当 $0 \leq \varepsilon \leq \varepsilon_1$ 时，比较制造商在 EE 子博弈和 NE 子博弈下的均衡利润，得到：

$$\breve{\pi}_M^{EE} - \breve{\pi}_M^{NE} = 0$$

因此，当 $0 \leq \varepsilon \leq \varepsilon_1$ 时，给定零售商选择 E，制造商选择 N。

当 $\varepsilon_1 < \varepsilon \leq 1$ 时，比较 EE 子博弈和 NE 子博弈下的制造商均衡利润：

$$\breve{\pi}_M^{EE} - \breve{\pi}_M^{NE} = \frac{(1+\varepsilon)^2(10-\delta(1+\delta)) - 8(1+\varepsilon)(5-\delta)c + 4(9-\delta)c^2}{8(10-\delta)}$$

令 $\breve{\pi}_M^{EE} - \breve{\pi}_M^{NE} = 0$，解得：

$$\varepsilon_2 = \frac{2c(1-\delta)\sqrt{10-\delta} + 4(5-\delta)c + \delta(1+\delta) - 10}{10 - \delta(1+\delta)}$$

$$\varepsilon'_2 = \frac{-2c(1-\delta)\sqrt{10-\delta}+4(5-\delta)c+\delta(1+\delta)-10}{10-\delta(1+\delta)}$$

其中，$\varepsilon'_2 < \varepsilon_1$ 且 $\varepsilon_2 > \varepsilon_1$。当 $\varepsilon_1 < \varepsilon \leqslant \varepsilon_2$ 时，$\breve{\pi}_M^{EE} \leqslant \breve{\pi}_M^{EN}$；当 $\varepsilon_2 < \varepsilon \leqslant 1$ 时，$\breve{\pi}_M^{EE} > \breve{\pi}_M^{EN}$。

因此，给定零售商选择 E，则制造商在 $0 \leqslant \varepsilon \leqslant \varepsilon_2$ 时选择 N，在 $\varepsilon_2 < \varepsilon \leqslant 1$ 时选择 E。

接着，给定零售商选择 N，考察制造商的选择。当 $0 \leqslant \varepsilon \leqslant \dfrac{7c-5}{5}$ 时，比较 EN 和 NN 子博弈下的制造商利润，得到：

$$\breve{\pi}_M^{EN} - \breve{\pi}_M^{NN} = 0$$

当 $\dfrac{7c-5}{5} < c \leqslant 1$ 时，比较 EN 和 NN 情形下的制造商利润，得到：

$$\breve{\pi}_M^{EN} - \breve{\pi}_M^{NN} = \frac{5(\varepsilon+1)(1+\varepsilon-4c)+18c^2}{40}$$

当 $\dfrac{7c-5}{5} \leqslant \varepsilon \leqslant \dfrac{5(2c-1)+\sqrt{10}c}{5}$，$\breve{\pi}_M^{EN} \leqslant \breve{\pi}_M^{NN}$；当 $\dfrac{5(2c-1)+\sqrt{10}c}{5} < \varepsilon \leqslant 1$ 时，$\breve{\pi}_M^{EN} > \breve{\pi}_M^{NN}$。因此，当 $0 \leqslant \varepsilon \leqslant \max\left\{\dfrac{7c-5}{5},\ \dfrac{5(2c-1)+\sqrt{10}c}{5}\right\}$ 时，若零售商选择 N，则制造商会选择 E；反之，制造商选择 N。

根据以上的分析可知，当 $0 \leqslant \varepsilon \leqslant \varepsilon_2$ 时，无论零售商的选择如何，制造商总是选择 N。当 $\varepsilon_2 < \varepsilon \leqslant \dfrac{5(2c-1)+\sqrt{10}c}{5}$ 时，制造商仅在零售商选择 E 时选择 E；否则，选择 N。当 $\dfrac{5(2c-1)+\sqrt{10}c}{5} < \varepsilon \leqslant 1$ 时，制造商总是选择 E。其中，

$$\varepsilon_2 < \frac{5(2c-1)+\sqrt{10}c}{5}。$$

给定制造商的选择，考察零售商的入侵策略。当 $0 \leqslant \varepsilon \leqslant \varepsilon_2$ 时，由于制造商总是选择 N，所以仅需比较零售商在 NE 和 NN 情形下的利润：

$$\breve{\pi}_R^{NE} - \breve{\pi}_R^{NN} = \frac{3(1+\varepsilon)^2 \delta}{16}$$

显然，在 $0 \leqslant \varepsilon \leqslant \varepsilon_2$ 时，制造商选择 N，而零售商选择 E。

当 $\varepsilon_2 < \varepsilon \leqslant \dfrac{5(2c-1) + \sqrt{10}c}{5}$ 时，制造商仅在零售商选择 E 时选择 E；否则，选择 N。那么先给定制造商选择 E，考察零售商的选择。由于 $\varepsilon_2 > \varepsilon_1$，比较零售商在 EE 和 EN 下的利润：

$$\breve{\pi}_R^{EE} - \breve{\pi}_R^{EN} = \frac{\delta(5(1+\varepsilon)+c)(5(\varepsilon+1)(25+11\delta)+(455-59\delta)c)}{100(10-\delta)^2}$$

不难发现，$\breve{\pi}_R^{EE} > \breve{\pi}_R^{EN}$。同时，若给定制造商选择 N，仍然可以得到 $\breve{\pi}_R^{NE} > \breve{\pi}_R^{NN}$。因此，当 $\varepsilon_2 < \varepsilon \leqslant \dfrac{5(2c-1)+\sqrt{10}c}{5}$ 时，制造商选择 N，而零售商选择 E。

当 $\dfrac{5(2c-1)+\sqrt{10}c}{5} < \varepsilon \leqslant 1$ 时，制造商总是选择 E。那么给定制造商的选择 E，对比零售商在 EE 和 EN 下的利润，同样可以得到 $\breve{\pi}_R^{EE} > \breve{\pi}_R^{EN}$。

根据以上对制造商和零售商入侵选择的分析，采用画线法，可以得出，如果 $0 \leqslant \varepsilon \leqslant \varepsilon_2$，制造商选择 N，零售商选择 E；如果 $\varepsilon_2 < \varepsilon \leqslant 1$，制造商与零售商均选择 E。由于当 $0 < c \leqslant c_1$ 时，$\varepsilon_2 \leqslant 0$；当 $c_1 < c \leqslant c_2$ 时，$0 < \varepsilon_2 \leqslant 1$；当 $c_2 < c < 1$ 时，$\varepsilon_2 > 1$。其中：

$$c_1 = \frac{5(2-\delta)-(1-\delta)\sqrt{10-\delta}}{2(9-\delta)}, \quad c_2 = \frac{5(2-\delta)-(1-\delta)\sqrt{10-\delta}}{9-\delta}$$

因此，当 $0 < c \leqslant c_1$，或 $c_1 < c \leqslant c_2$ 且 $0 \leqslant \varepsilon \leqslant \varepsilon_2$ 时，双边入侵的博弈均衡为 (N, E)；当 $c_2 < c < 1$，或 $c_1 < c \leqslant c_2$ 且 $\varepsilon_2 < \varepsilon \leqslant 1$ 时，双边入侵博弈均衡为 (E, E)。

命题 4–5 的证明

首先，无信息共享下，零售商的期望利润为：

$$
\widehat{\Pi}_R = \begin{cases}
\displaystyle\int_0^{\varepsilon 0}\widehat{\pi}_R^{EE1}d\varepsilon + \int_{\varepsilon 0}^1\widehat{\pi}_R^{EE2}d\varepsilon = \frac{(4-\delta)^2\kappa_0\kappa_3 + \delta(\kappa_0-\delta)\kappa_4}{48(10-\delta)^3(4-\delta)^2},\ 0 < c \leqslant \min\left\{\dfrac{5-2\delta}{8-\delta},\ c_0\right\} \\[4mm]
\displaystyle\int_0^1\widehat{\pi}_R^{EE2}d\varepsilon = \frac{100 + 655\delta + 298\delta^2 + 12c((64-31\delta+3\delta^2)c + 3\delta(43+7\delta^2))}{48(10-\delta)^2}, \\[4mm]
\dfrac{5-2\delta}{8-\delta} < c \leqslant c_0 \\[4mm]
\displaystyle\int_0^1\widehat{\pi}_R^{NE}d\varepsilon = \frac{31 + 81\delta}{192},\ c_0 < c < 1
\end{cases}
$$

其次，存在信息分享下，零售商的期望利润为：

$$
\breve{\Pi}_R = \begin{cases}
\displaystyle\int_0^1\breve{\pi}_R^{EE}d\varepsilon = \frac{7\delta(25+11\delta) + 9\delta(43-7\delta)c + 3(64-31\delta+3\delta^2)c^2}{12(10-\delta)^2}, \\[4mm]
0 < c \leqslant c_1 \\[4mm]
\displaystyle\int_0^{\varepsilon_2}\breve{\pi}_R^{NE}d\varepsilon + \int_{\varepsilon_2}^1\breve{\pi}_R^{EE}d\varepsilon = \frac{16((1-\delta)^2\sqrt{10-\delta}\kappa_6 - \kappa_7)c^3 - (10-\delta-\delta^2)^3\kappa_8}{48(10-\delta)^2(10-\delta-\delta^2)^3}, \\[4mm]
c_1 < c \leqslant c_2 \\[4mm]
\displaystyle\int_0^1\breve{\pi}_R^{NE}d\varepsilon = \frac{7(1+3\delta)}{48},\ c_2 < c < 1
\end{cases}
$$

其中：

$\kappa_6 = 5900 + 7520\delta - 7551\delta^2 + 2104\delta^3 - 203\delta^4 + 6\delta^5$

$\kappa_7 = 46243 - 4500\delta - 45470\delta^2 - 42132\delta^4 + 9994\delta^5 - 1038\delta^6 + 39\delta^7$

$\kappa_8 = 100 - 520\delta - 411\delta^2 + 3\delta^3 - 24c(86\delta - 14\delta^2 - (64-31\delta+3\delta^2)c)$

根据以上所得，接下来，考察零售商的信息共享策略。

（1）当 $0 < c \leqslant \min\left\{\dfrac{5-2\delta}{8-\delta},\ c_1\right\}$ 时，对比零售商在无共享和共享下的事前期

望利润，得到：

$$\widehat{\prod}_R - \widecheck{\prod}_R = \frac{f_2(c)}{48(4-\delta)^2(10-\delta)^3}$$

其中：

$$f_2(c) = (1-\delta)c\kappa_9 + 1600(5+3\delta) - 21820\delta^2 + 9\delta^3(1953-611\delta) + 601\delta^5 - 14\delta^6$$

$$\kappa_9 = \begin{bmatrix} 12800 + 307\delta^4 - 9\delta^5 - 6(8-\delta)(256(5-7\delta) + 494\delta^2 - 66\delta^3 + 3\delta^4)c + \\ (128 - 32\delta + 13\delta^2 - \delta^3)(8-\delta)^2c^2 - 4(6160 - 3852\delta + 845\delta^2)\delta \end{bmatrix}$$

由于 $f_2(c)$ 的一阶导函数 $f'_2(c)$ 是关于 c 的二次函数，且在 $c \in (0,\ 1)$ 的可

行域内，$f'_2(c)$ 二次项系数和判别式均小于 0，所以，$f_2(c)$ 在 $c \in (0,\ 1)$ 是关于

c 的增函数。又由于在端点上，存在 $f_2\left(c = \min\left\{\dfrac{5-2\delta}{8-\delta},\ c_1\right\}\right) > 0$，所以，当

$0 < c \leqslant \min\left\{\dfrac{5-2\delta}{8-\delta},\ c_1\right\}$ 时，总有 $f_2(c) > 0$，即 $\widehat{\prod}_R > \widecheck{\prod}_R$ 总是成立。

（2）当 $\dfrac{5-2\delta}{8-\delta} < c \leqslant c_1$ 时，比较零售商在无分享和分享信息下的事前期望利

润，得到：

$$\widehat{\prod}_R - \widecheck{\prod}_R = \frac{5(20 - 9\delta - 2\delta^2)}{48(10-\delta)^2} > 0$$

（3）当 $c_1 < c \leqslant \min\left\{\dfrac{5-2\delta}{8-\delta},\ c_0\right\}$，对比零售商在无共享和共享信息下的事前

期望，得到：

$$\widehat{\prod}_R - \widecheck{\prod}_R = \frac{f_3(c)}{48(4-\delta)^2(10-\delta)^3(10-\delta-\delta^2)^3}$$

其中：

$$f_3(c)=\begin{bmatrix}(10-\delta-\delta^2)^3(\delta\kappa_{10}+3c\kappa_{11}-6c^2\kappa_{12})+\kappa_{13}c^3-16(590+811\delta-\\674\delta^2+143\delta^3-6\delta^4)(1-\delta)^2(4-\delta)^2c^3(10-\delta)^{\frac{3}{2}}\end{bmatrix}$$

$$\kappa_{10}=24000(1+\delta)-53780\delta+31085\delta^2-7821\delta^3+758\delta^4-17\delta^5$$

$$\kappa_{11}=12800-64960\delta+61040\delta^2-24572\delta^3+4363\delta^4-344\delta^5+9\delta^6$$

$$\kappa_{12}=30720-48064\delta+305576\delta^2-8586\delta^3+1282\delta^4-99\delta^5+3\delta^6$$

$$\kappa_{13}=\begin{bmatrix}153600(730-619\delta)-4(27996444-7838806\delta-136399\delta^3+6934\delta^4+\delta^7)\delta^5+\\32(4580920-8292664\delta+7342533\delta^2)\delta^2-12(445523+20\delta^3-9\delta^4)\delta^7\end{bmatrix}$$

$f_3(c)$ 的一阶导函数 $f'_3(c)$ 是关于 c 的二次函数，二次项系数为负，且存在

实根 r_3 和 r_4 使 $f'_3(c)=0$ 且 $r_3<c_1<c\le\min\left\{\dfrac{5-2\delta}{8-\delta},\ c_0\right\}<r_4$，所以，$f_3(c)$

在区间 $c_1<c\le\min\left\{\dfrac{5-2\delta}{8-\delta},\ c_0\right\}$ 内是关于 c 的单调减函数。左端点 $f_3(c=c_1)>$

0。当 $0<\delta\le\delta_1$ 时，右端点 $f_3\left(c=\min\left\{\dfrac{5-2\delta}{8-\delta},\ c_0\right\}\right)\le0$；当 $\delta_1<\delta<1$ 时，

右端点 $f_3\left(c=\min\left\{\dfrac{5-2\delta}{8-\delta},\ c_0\right\}\right)>0$。其中，$\delta_1$ 是 $f_3\left(c=\min\left\{\dfrac{5-2\delta}{8-\delta},\ c_0\right\}\right)=$

0 的唯一解。 那么必定存在一个 l_3， 使当 $\delta<\delta_1$ 且 $l_3<c<$

$\min\left\{\dfrac{5-2\delta}{8-\delta},\ c_0\right\}$ 时，$f_3(c)<0$，即 $\widehat{\prod}_R<\widecheck{\prod}_R$；否则，$\widehat{\prod}_R\ge\widecheck{\prod}_R$。其中，

l_3 是 $f_3(c)=0$ 在 $c_1<c\le\min\left\{\dfrac{5-2\delta}{8-\delta},\ c_0\right\}$ 内的唯一解。

（4）当 $\max\left\{c_1,\ \dfrac{5-2\delta}{8-\delta}\right\}<c\le c_0$ 时，对比零售商在无共享和共享信息下的事

前期望利润为：

$$\widehat{\prod}_R-\widecheck{\prod}_R=\frac{f_4(c)}{48(10-\delta)^2(10-\delta-\delta^2)^3}$$

其中：

$$f_4(c) = \begin{bmatrix} (10-\delta-\delta^2)^3 \kappa_{14} + 16c^3(\kappa_{15} - 16(1-\delta)^2 \\ (590+811\delta-674\delta^2+143\delta^3-6\delta^4)(10-\delta)^{\frac{3}{2}}) \end{bmatrix}$$

$$\kappa_{14} = 200+135\delta-113\delta^2+3\delta^3-12c(43\delta-7\delta^2-(64-31\delta+3\delta^2)c)$$

$$\kappa_{15} = 31000+4500\delta+45470\delta^2-77243\delta^3+42132\delta^4-9994\delta^5+1038\delta^6-39\delta^7$$

$f_4(c)$ 的一阶导函数 $f'_4(c)$ 是关于 c 的二次函数，且二次项系数为负，存在

实根 r_5 和 r_6 使 $f'_4(c) = 0$，其中，$r_5 < 0$ 且 $\max\left\{c_1, \dfrac{5-2\delta}{8-\delta}\right\} < r_6$。$f'_4(c)$ 在可

行域 $\max\left\{c_1, \dfrac{5-2\delta}{8-\delta}\right\} < c \leqslant c_0$ 内是关于 c 凹函数。当 $\delta \leqslant \delta_1$ 时，左端点

$f_4\left(c = \max\left\{c_1, \dfrac{5-2\delta}{8-\delta}\right\}\right) < 0$；当 $\delta > \delta_1$，左端点 $f_4\left(c = \max\left\{c_1, \dfrac{5-2\delta}{8-\delta}\right\}\right) >$

0。当 $\delta < \delta_2$，$f_4(c = c_0) < 0$；当 $\delta > \delta_2$，$f_4(c = c_0) > 0$。其中，δ_2 是 $f_4(c =$

$c_0) = 0$ 在可行域的唯一解。因而，必定存在一个 l_4，满足当 $\delta < \delta$ 或者 $\delta_1 < \delta <$

δ_2 且 $l_4 < c < c_0$ 时，$f_3(c) < 0$，即 $\overline{\prod}_R < \widehat{\prod}_R$；否则，$\overline{\prod}_R \geqslant \widehat{\prod}_R$。其中，

l_4 是 $f_4(c) = 0$ 在 $\max\left\{c_1, \dfrac{5-2\delta}{8-\delta}\right\} < c \leqslant c_0$ 内的唯一解。

按照相同的方法可以得到，在 $c_0 < c \leqslant 1$ 区域，$\overline{\prod}_R > \widehat{\prod}_R$ 成立。汇总以

上的比较结果，便可得到，当 $\delta < \delta$ 且 $c_3 < c < c_0$ 时，$\overline{\prod}_R > \widehat{\prod}_R$；否则，

$\overline{\prod}_R \leqslant \widehat{\prod}_R$。其中，$\delta = \delta_2$，$c_3 = \begin{cases} l_3, & \delta \leqslant \delta_1 \\ l_4, & \delta > \delta_1 \end{cases}$。

附录 3　第 5 章证明

命题 5-1 的证明

在 *IEE* 情形下，制造商和零售商的利润函数为：

$$\prod_M^{IEE} = (w^{IEE} - d(1 - x^{IEE})) q_n^{IEE} r + (p_n^{IEE} - c - d(1 - x^{IEE})) q_{nn}^{IEE}$$

$$- \frac{1}{2}(x^{IEE})^2$$

$$\prod_R^{IEE} = (p_n^{IEE} - w^{IEE}) q_{nr}^{IEE} + p_s^{IEE} q_s^{IEE}$$

给定制造商的批发价格 w^{IEE} 和投资水平 x^{IEE}，求解两企业的最优销量。若假设 $q_{nn}^{IEE}(w^{IEE}, x^{IEE}) > 0$，$q_{nr}^{IEE}(w^{IEE}, x^{IEE}) > 0$ 且 $q_s^{IEE}(w^{IEE}, x^{IEE}) > 0$，则两企业确定各自的最优销量为：

$$q_{nr}^{IEE}(w^{IEE}, x^{IEE}) = \frac{2(1-\delta)(1+c-x^{IEE}d) - (4-\delta)w^{IEE} + (5-2\delta)d}{6(1-\delta)}$$

$$q_{nn}^{IEE}(w^{IEE}, x^{IEE}) = \frac{1-2c+w^{IEE}-2(1-x^{IEE})d}{3}, \quad q_s^{IEE}(w^{IEE}, x^{IEE}) = \frac{d-\delta w^{IEE}}{2\delta(1-\delta)}$$

制造商的最优投资水平和批发价格为：

$$x^{IEE} = \frac{d(2(1-c)-d)(1-\delta)}{4(1-\delta)-(2-\delta)d^2}, \quad w^{IEE} = \frac{\varphi_0((19-\delta)d+\varphi_0(5-c)+\varphi_1 d^2-5d^3)-4d^3}{(2\varphi_0-(2-\delta)d^2)(10-\delta)}$$

其中，$\varphi_0 = 2(1-\delta)$ 和 $\varphi_0 = 4+3\varphi_0-c(6-\delta)$。将 w^{IEE} 和 x^{IEE} 代入销量反应函数得到：

$$q_{nr}^{IEE} = \frac{\varphi_0((7-\varphi_0)\varphi_2+2\delta)-8\varphi_3}{2(2\varphi_0-(2-\delta)d^2)(10-\delta)}, \quad q_{nn}^{IEE} = \frac{\varphi_0(2+2\varphi_0-(7-\varphi_0)\varphi_2)+(2+\delta)\varphi_3}{(2\varphi_0-(2-\delta)d^2)(10-\delta)}$$

$$q_s^{IEE} = \frac{4d^3+\delta\varphi_1 d^2+\varphi_0(2\delta(5-c)-20d+\delta d+3d^3)}{2\delta(2\varphi_0-(2-\delta)d^2)(10-\delta)}$$

其中，$\varphi_2 = 2c+d$，$\varphi_3 = (2c+d-\delta)d^2$。考察均衡销量发现，存在临界值 τ_2，使当 $d \leqslant \tau_2$ 时，$q_s^{IEE} \geqslant 0$；当 $d > \tau_2$ 时，$q_s^{IEE} < 0$。因此，$q_s^{IEE} \geqslant 0$ 成立的条件为 $0 < d \leqslant \tau_2$。按相同的方法可得 $q_{nr}^{IEE} > 0$ 成立的条件为 $0 < d < \tau'_2$，$q_s^{IEE} > 0$ 成立的条件为 $0 < d \leqslant \tau_2$。由于 $\tau_2 > \tau'_2$。因此，当 $0 < d < \tau_2$ 时，$q_{nr}^{IEE} > 0$。同理可证，当 $0 < d \leqslant \tau_2$ 时，$q_{nn}^{IEE} > 0$。并且，此时 $w^{IEE} > 0$ 且 $0 < x^{IEE} < 1$ 总是成立。其中，$d = \tau_2$ 满足 $q_s^{IEE} = 0$。因此，$x^{IEE} = \dfrac{d(2(1-c)-d)(1-\delta)}{4(1-\delta)-(2-\delta)d^2}$ 成立的条件是 $0 < d < \tau_2$。

根据上述分析可知，在 IEE 情形下，当 $d > \tau_2$ 时，存在 $q_s^{IEE} = 0$，因此，两企业的决策模型退化为：

$$\prod_M^{IEE} = (w^{IEE}-d(1-x^{IEE}))q_{nr}^{IEE}+(p_n^{IEE}-c-d(1-x^{IEE}))q_{nn}^{IEE}$$

$$-\frac{1}{2}(x^{IEE})^2$$

$$\prod_R^{IEE} = (p_n^{IEE}-w^{IEE})q_{nr}^{IEE}$$

给定批发价格 w^{IEE} 和投资水平 x^{IEE}，两企业的最优销量反应为：

$$q_{nn}^{IEE}(w^{IEE}, x^{IEE}) = \frac{1-2c+w^{IEE}-2(1-x^{IEE})d}{3},$$

$$q_{nr}^{IEE}(w^{IEE}, x^{IEE}) = \frac{1+c-2w^{IEE}+(1-x^{IEE})d}{3}$$

解得最优批发价格和投资水平为：

$$w^{IEE} = \frac{5(1+d-d^2)+3d^2c-c}{5(2-d^2)}, \quad x^{IEE} = \frac{d(1-c-d)}{2-d^2}$$

代入两企业的销量反应函数得到：

$$q_{nm}^{IEE} = \frac{5(1-d)-(7-d^2)c}{5(2-d^2)}, \quad q_{nr}^{IEN} = \frac{2c}{5}$$

存在阈值 τ_3，使当 $d \leqslant \tau_3$ 时，$q_{nm}^{IEE} \geqslant 0$；当 $d > \tau_3$ 时，$q_{nm}^{IEE} < 0$。因此，$x^{IEE} = \frac{d(1-c-d)}{2-d^2}$ 成立的条件为 $\tau_2 < d \leqslant \max\{\tau_2, \tau_3\}$。其中，$\tau_3 = \frac{5-\sqrt{28c^2-20c+25}}{2c}$。

在 IEE 情形下，当 $d > \max\{\tau_2, \tau_3\}$ 时，$q_s^{IEE} = 0$ 且 $q_{nm}^{IEE} = 0$。此时，两企业的决策模型退化为：

$$\prod_M^{IEE} = (w^{IEE} - d(1-x^{IEE}))q_{nr}^{IEE} - \frac{1}{2}(x^{IEE})^2$$

$$\prod_R^{IEE} = (p_n^{IEE} - w^{IEE})q_{nr}^{IEE}$$

求解得到两企业的最优决策为：

$$w^{IEE} = \frac{2+2d-d^2}{4-d^2}, \quad x^{IEE} = \frac{d(1-d)}{4-d^2}, \quad q_{nr}^{EE} = \frac{1-d}{4-d^2}$$

不难得到，$w^{IEE} > 0$，$0 < x^{IEE} < 1$，$q_{nr}^{EE} > 0$ 总是成立。因此，$x^{IEE} = \frac{d(1-d)}{4-d^2}$ 成立的条件为 $d > \max\{\tau_2, \tau_3\}$。

综合以上全部情形，便可得出命题 5-1 所示的 IEE 子博弈均衡决策。

命题 5-2 的证明

按照与 IEE 情形相同的分析方法，得到制造商和零售商在 INN、INE 和 IEN 三种入侵结构下的最优决策：

（1）$q_{nr}^{INN} = \dfrac{1-d}{(2+d)(2-d)}$，$x^{INN} = \dfrac{d(1-d)}{(d+2)(2-d)}$，$w^{INN} = \dfrac{2d(1+d)-d^2}{(d+2)(2-d)}$。

（2）$x^{INE} = \begin{cases} \dfrac{d(1-\delta)}{2\varphi_0\delta-d^2}, & 0<d\leqslant\tau_4 \\[4mm] \dfrac{d(1-d)}{4-d^2}, & \tau_4<d<\bar{d} \end{cases}$，$w^{INE} = \begin{cases} \dfrac{\varphi_0(4d-d^2+\varphi_0)-2d^3}{2(2\varphi_0-d^2)}, & 0<d\leqslant\tau_4 \\[4mm] \dfrac{1-d}{4-d^2}, & \tau_4<d<\bar{d} \end{cases}$；

$q_{nr}^{INE} = \begin{cases} \dfrac{1-\delta}{4(1-\delta)-d^2}, & 0<d\leqslant\tau_4 \\[4mm] \dfrac{1-d}{4-d^2}, & \tau_4<d<\bar{d} \end{cases}$，$q_{s}^{INE} = \begin{cases} \dfrac{d^2(d-\delta)+\varphi_0(2d-\delta)}{2\delta(2\varphi_0-d^2)}, & 0<d\leqslant\tau_4 \\[4mm] 0, & \tau_4<d<1 \end{cases}$。

（3）$x^{IEN} = \begin{cases} \dfrac{d(1-c-d)}{2-d^2}, & 0<d\leqslant\tau_3 \\[4mm] \dfrac{d(1-d)}{4-d^2}, & \tau_3<d<\bar{d} \end{cases}$，$w^{EN} = \begin{cases} \dfrac{5(1+d-d^2)+3d^2c-c}{5(2-d^2)}, & 0<d\leqslant\tau_3 \\[4mm] \dfrac{2d(1+d)-d^2}{4-d^2}, & \tau_3<d<\bar{d} \end{cases}$，

$q_{nr}^{IEN} = \begin{cases} \dfrac{2c}{5}, & 0<d\leqslant\tau_3 \\[4mm] \dfrac{1-d}{4-d^2}, & \tau_3<d<\bar{d} \end{cases}$，$q_{nm}^{IEN} = \begin{cases} \dfrac{5(1-d)-(7-d^2)c}{5(2-d^2)}, & 0<d\leqslant\tau_3 \\[4mm] 0, & \tau_3<d<\bar{d} \end{cases}$。

其中，$\varphi_0 = 2(1-\delta)$，$d = \tau_4$ 满足 $q_s^{INE} = 0$。接下来，比较四种入侵结构下的制造商投资水平。

（1）比较制造商在 INE 和 INN 下的投资水平得到：

$$x^{INE} - x^{INN} = \begin{cases} \dfrac{d^2(4(1-\delta)+d(\delta-d))}{(4(1-\delta)-d^2)(2-d)(2+d)}, & 0<d\leqslant\tau_4 \\[4mm] 0, & \tau_4<d<\bar{d} \end{cases}$$

不难发现，$x^{INE} \geqslant x^{INN}$。

（2）比较制造商在 IEE 和 IEN 下的投资水平得到：

$$x^{IEE} - x^{IEN} = \begin{cases} \dfrac{d^2\big(2(1-\delta)+d\delta(1-c)-d^2\big)}{\big(4(1-\delta)-d^2(2-\delta)\big)\big(2-d^2\big)}, & 0<d\leq\tau_2 \\[4mm] 0, & \tau_2<d<\overline{d} \end{cases}$$

不难发现，$x^{IEE}\geq x^{IEN}$。

（3）比较制造商在 IEN 和 INN 下的投资水平得到：

$$x^{IEN} - x^{INN} = \begin{cases} \dfrac{d\big(2(1-d)-c(4-d^2)\big)}{(2-d^2)(2-d)(2+d)}, & 0<d\leq\tau_3 \\[4mm] 0, & \tau_3<d<\overline{d} \end{cases}$$

令 $x^{IEN}-x^{INN}=0$，解得：

$$\tau_5 = \frac{1-\sqrt{4c^2-2c+1}}{c}, \qquad \tau_5^{'} = \frac{1+\sqrt{4c^2-2c+1}}{c}$$

当 $0<d\leq\tau_5$ 时，$x^{IEN}\geq x^{INN}$；当 $\tau_5<d<1-2c$ 时，$x^{IEN}<x^{INN}$。

（4）比较制造商在 IEM 和 INN 下的投资水平得到：

$$x^{IEE} - x^{INE} = \begin{cases} \dfrac{4(1-\delta)(1-2c-d)+(2c-\delta)d^2+d^3}{(2-d^2)(4(1-\delta)-d^2)}, & 0<d\leq\tau_2 \\[4mm] \dfrac{2(1-\delta)(1-2c-2d)+(c-\delta)d^2+d^3}{(2-d^2)(4(1-\delta)-d^2)}, & \tau_2<d\leq\tau_4 \\[4mm] \dfrac{d\big(2(1-d)-c(4-d^2)\big)}{(2-d^2)(4-d^2)}, & \tau_4<d\leq\tau_3 \\[4mm] 0, & \tau_3<d<\overline{d} \end{cases}$$

当 $0<d\leq\tau_2$ 时，$x^{IEE}\geq x^{INE}$ 总是成立。当 $\tau_2<d\leq\tau_4$ 时，存在临界值 τ_6 使在 $\tau_2<d\leq\min\{\tau_4,\ \tau_6\}$ 时，$x^{IEE}\geq x^{INE}$；在 $\max\{\tau_2,\ \tau_6\}<d\leq\tau_4$ 时，$x^{IEE}<x^{INE}$。其中，$d=\tau_6$ 满足 $x^{IEE}-x^{INE}=0$。当 $\tau_4<d\leq\tau_3$，存在 τ_5 使 $\tau_4<d\leq\tau_5$，$x^{IEE}\geq x^{INE}$；当 $\tau_5<d\leq\tau_3$，$x^{IEE}<x^{INE}$。当 $\tau_3<d<1-2c$，总是 $x^{IEE}=x^{INE}$。因此，当 $\max\{\tau_2,\ \tau_6\}<d\leq\tau_4$ 或 $d\geq\tau_5$ 时，$x^{IEE}\leq x^{INE}$。

命题 5-3 的证明

制造商和零售商在每种入侵子博弈下的均衡利润如下：

$$\prod_M^{IEE} = \begin{cases} \dfrac{2B_0{}^2 + \varphi_0 B_2(8cd^2 + 4(2c - \delta)d^2 - \varphi_0(10 - \varphi_2)) - B_1{}^2(10 - \delta)^2}{2(10 - \delta)^2(2\varphi_0 - (2 - \delta)d^2)^2}, & 0 < d \le \tau_2 \\[3mm] \dfrac{(9 - 2d^2)c^2 + 5(1 - d)(1 - 2c - d)}{10(2 - d^2)}, & \tau_2 < d \le \max\{\tau_2, \tau_3\} \\[3mm] \dfrac{(1 - d)^2}{2(2 + d)(2 - d)}, & \max\{\tau_2, \tau_3\} < d \le \bar{d} \end{cases},$$

$$\prod_R^{IEE} = \begin{cases} \dfrac{(B_2\delta + B_3)B_3 - 2\delta(2\varphi_0 - (2 - \delta)d^2)((4 - \delta)c - 3(d - \delta))B_2}{4\delta(2\varphi_0 - (2 - \delta)d^2)^2(10 - \delta)^2}, & 0 < d \le \tau_2 \\[3mm] \dfrac{4c^2}{25}, & \tau_2 < d \le \max\{\tau_2, \tau_3\} \\[3mm] \dfrac{(1 - d)^2}{(2 + d)^2(2 - d)^2}, & \max\{\tau_2, \tau_3\} < d \le \bar{d} \end{cases},$$

$$\prod_M^{IEN} = \begin{cases} \dfrac{(9 - 2d^2)c^2 + 5(1 - d)(1 - 2c - d)}{10(2 - d^2)}, & 0 < d \le \tau_3 \\[3mm] \dfrac{(1 - d)^2}{2(2 + d)(2 - d)}, & \tau_3 < d \le \bar{d} \end{cases},$$

$$\prod_R^{IEN} = \begin{cases} \dfrac{4c^2}{25}, & 0 < d \le \tau_3 \\[3mm] \dfrac{(1 - d)^2}{(2 + d)^2(2 - d)^2}, & \tau_3 < d \le \bar{d} \end{cases},$$

$$\prod_M^{INE} = \begin{cases} \dfrac{(1 - \delta)^2}{2(4(1 - \delta) - d^2)}, & 0 < d \le \tau_4 \\[3mm] \dfrac{(1 - d)^2}{2(d + 2)(2 - d)}, & \tau_4 < d \le \bar{d} \end{cases},$$

$$\prod_{R}^{INE} = \begin{cases} \dfrac{(\delta - d)((2\varphi_0 - d^2)B_4 - \varphi_0 \delta d^2) + \delta \varphi_0{}^2(1 + \delta - 2d)}{4\delta(2\varphi_0 - d^2)^2}, & 0 < d \leq \tau_4 \\[2ex] \dfrac{(1 - d)^2}{(2 + d)^2(2 - d)^2}, & \tau_4 < d \leq \bar{d} \end{cases}$$

$$\prod_{M}^{INN} = \frac{(1 - d)^2}{2(2 + d)(2 - d)}, \quad \prod_{R}^{INN} = \frac{(1 - d)^2}{(2 + d)^2(2 - d)^2}$$

其中，$B_0 = \varphi_0(2 + 2\varphi_0 - (7 - \delta)\varphi_2) + (2 + \delta)\varphi_3$，$B_1 = d(2(1 - c) - d)(1 - \delta)$，$B_2 = \varphi_0((7 + \varphi_0)\varphi_2 + 2\delta) - 8\varphi_3$，$B_3 = 4d^3 + \delta\varphi_1 d^2 + \varphi_0(2\delta(5 - c) - 20d + \delta d + 3d^3)$，$B_4 = (2d - \delta)\varphi_0 + d^3 + \delta d^2$。

接着分析两企业的入侵策略，先给定零售商选择 E，通过比较制造商在 IEE 和 INE 下的均衡利润得出制造商的入侵选择。比较所有阈值的大小可得 $\tau_2 < \tau_4 < \tau_3$。当 $0 < d \leq \tau_2$ 时，比较制造商在 IEE 和 INE 两种入侵结构下的利润发现，$\prod_{M}^{IEE} - \prod_{M}^{INE} > 0$ 在 $0 < c \leq \bar{c}$（$\bar{c} = (1 - d)/2$）的假设下总是成立。

当 $\tau_2 < d \leq \tau_4$，比较制造商在 IEE 和 INE 下的最优利润得到：

$$\prod_{M}^{IEE} - \prod_{M}^{INE} = \frac{10(1 - d)^2 + (2 - d)(2 + d)(10(1 - d) + (2d^2 - 9)c)c}{10(2 - d^2)(2 + d)(2 - d)}$$

令 $F_1 = \dfrac{10(1 - d)^2 + (2 - d)(2 + d)(10(1 - d) + (2d^2 - 9)c)c}{10(2 - d^2)(2 + d)(2 - d)}$。$F_1$ 是关于 c 的二次函数。求导得到 $\dfrac{\partial F_1}{\partial c} = -\dfrac{5(1 - d) + (2d^2 - 9)c}{5(2 - d^2)}$。在 $0 < c \leq \bar{c}$（$\bar{c} = (1 - d)/2$）区间，存在 $\dfrac{\partial F_1}{\partial c} < 0$，因此 F_1 与 c 呈反比关系。其中，$0 < c \leq \dfrac{1 - d}{2}$ 等同于 $0 < d \leq \bar{d}$。又因在可行域 $\tau_2 < d \leq \tau_4$ 内存在 $F_1(c = \bar{c}) > 0$，所以 $F_1 > 0$。即当 $\tau_2 < d \leq \tau_4$ 时，制造商选择 E。其中：

$$F_1(c = \bar{c}) = \frac{4(1 - \delta)(10\delta - 1 - 18d) + d^2 \begin{pmatrix} 39 - 68\delta + 20\delta^2 + 34d - 16d\delta - \\ (15 - 8\delta)d^2 - 2d^3(2 - d) \end{pmatrix}}{40(2 - d^2)(4(1 - \delta) - d^2)}$$

当 $\tau_4 < d \le \tau_3$，比较制造商在 *IEE* 和 *INE* 下的最优利润得到：

$$\prod_M^{IEE} - \prod_M^{INE} = \frac{10(1-d)(1-d-(4-d^2)c) + (36-17d^2+2d^4)c^2}{10(2-d^2)(2+d)(2-d)}$$

令 $F_2 = \dfrac{10(1-d)(1-d-(4-d^2)c) + (36-17d^2+2d^4)c^2}{10(2-d^2)(2+d)(2-d)}$。$F_2$ 是关于

c 的二次函数。求导得到 $\dfrac{\partial F_2}{\partial c} = -\dfrac{5(1-d)+(2d^2-9)c}{5(2-d^2)}$。在可行域内，$\dfrac{\partial F_2}{\partial c} <$

0。F_2 随着 c 的增大而减小。又因 $F_2(c=0) = \dfrac{(1-d)^2}{(2-d^2)(2+d)(2-d)} > 0$,

$F_2(c=\bar{c}) = \dfrac{-(4-3d^2-2d^4)(1-d)^2}{40(2-d^2)(2-d)(2-d)} < 0$。所以，必定存在这样一个 τ_7，使

当 $\tau < \tau_7$ 时，$F_2 > 0$，即 $\prod_M^{IEE} - \prod_M^{INE} > 0$；当 $d > \tau_7$ 时，$F_2 < 0$，即 $\prod_M^{IEE} -$

$\prod_M^{INE} < 0$。其中，$d = \tau_7$ 满足 $F_2 = 0$。因此，当 $\tau_4 < d \le \max\{\tau_4, \tau_7\}$ 时，制

造商选择 E；当 $\max\{\tau_4, \tau_7\} < d \le \tau_3$ 时，制造商选择 N。

当 $\tau_4 < d \le \bar{d}$，比较制造商在 *IEE* 和 *INE* 下的最优利润得到：

$$\prod_M^{IEE} - \prod_M^{INE} = 0$$

总结所有情形得到，如果给定零售商选择入侵，则当 $0 < d < \max\{\tau_4, \tau_7\}$

时，制造商选择 E；当 $\max\{\tau_4, \tau_7\} < d \le \bar{d}$ 时，制造商选择 N。

若给定零售商选择放弃入侵，比较制造商在 *IEN* 和 *INN* 下的利润：

$$\prod_M^{IEN} - \prod_M^{INN} =$$

$$\begin{cases} \dfrac{10(1-d)(1-d-(4-d^2)c) + (36-17d^2+2d^4)c^2}{10(2-d^2)(2+d)(2-d)}, & 0 < d \le \tau_3 \\ 0, & \tau_3 < d \le \bar{d} \end{cases}$$

当 $0 < \tau < \tau_7$ 时，$\prod_M^{IEN} - \prod_M^{INN} > 0$；当 $\tau_7 < d \le \bar{d}$ 时，$\prod_M^{IEN} - \prod_M^{INN} <$

0。因此，给定零售商选 N，则当 $0 < \tau < \tau_7$ 时，制造商选 E；当 $\tau_7 < d \leqslant \bar{d}$ 时，制造商选 N。

同理，给定制造商的选择，考察零售商的品牌入侵策略。不难得到，当 $0 < d < \tau_2$ 时，$\prod_R^{IEE} \geqslant \prod_R^{IEN}$；当 $\tau_2 < d \leqslant \bar{d}$ 时，$\prod_R^{IEE} = \prod_R^{IEN}$。因此，若给定制造商入侵，则零售商在 $0 < d < \tau_2$ 时选择入侵，否则选择不入侵。同样，当 $0 < d < \tau_4$ 时，$\prod_R^{INE} > \prod_R^{INN}$；当 $\tau_4 < d \leqslant \bar{d}$ 时，$\prod_R^{INE} = \prod_R^{INN}$。因此，若给定制造商选择 N，则零售商在 $0 < d < \tau_4$ 时选择 E，否则选择 N。基于以上的分析，采用画线法便可得到命题 5－3 所示的双边入侵博弈均衡。

附录4　第6章证明

引理 6-1 的证明

在销量决策阶段，给定批发价格 $\overline{w}$，两企业的最优化决策模型如下：

$$\max_{q_{nr}^T,\; q_s^T} \prod_R^{TEE} = (1 - q_{nr}^T - q_{nm}^T - \delta q_s^T - w^T)q_{nr}^T + \delta(1 - q_{nr}^T - q_{nm}^T - q_s^T)q_s^T +$$

$$\lambda(1 - q_{nr}^T - q_{nm}^T - \delta q_s^T)q_{nm}^T,$$

$$\text{s. t. } q_{nr}^T,\; q_s^T \geqslant 0$$

$$\max_{q_{nm}^T} \prod_M^{TEE} = w^T q_{nr}^T + (1 - \lambda)(1 - q_{nr}^T - q_{nm}^T - \delta q_s^T)q_{nm}^T,\; \text{s. t. } q_{nm}^T \geqslant 0$$

采用 KKT 条件解最优化问题，得出在给定批发价格 w^T 时，存在两种销量反应情形：

（1）如果 $w^T \leqslant \dfrac{2(1-\lambda)(1-\delta)}{4-\delta(1+\lambda)}$，则 $q_{nr}^{TEE}(w^T) = \dfrac{(4-\delta(1+\lambda))w^T + 2(1-\lambda)(1-\delta)}{2(1-\delta)(3-\lambda)}$，

$q_s^{TEE}(w^T) = \dfrac{w^T}{2(1-\delta)}$ 且 $q_{nm}^{TEE}(w^T) = \dfrac{1+w^T}{3-\lambda}$。

（2）如果 $\dfrac{2(1-\lambda)(1-\delta)}{4-\delta(1+\lambda)} < w^T \leqslant 1-\delta$，则 $q_{nr}^{TEE}(w^T) = 0$，$q_s^{TEE}(w^T) = \dfrac{w^T}{2(1-\delta)}$ 且

$$q_{nm}^{EE}(w^T) = \frac{1+\delta-w^T}{(1-\delta)(1+\lambda)}。$$

基于以上两企业的销量反应函数,求解制造商的最优批发价格。先分别求解上述两种情况下的局部最优批发价格,然后通过对比两种情况下制造商的利润,得出全局最优批发价格。

(1) $w^T \leqslant \dfrac{2(1-\lambda)(1-\delta)}{4-\delta(1+\lambda)}$。将 $q_{nr}^{TEE}(w^T)$、$q_s^{TEE}(w^T)$ 和 $q_{nm}^{TEE}(w^T)$ 代入制造商的

利润决策模型,并采用 *KKT* 条件解最优化问题,得到:

$$w^T = \frac{(1-\delta)(1-\lambda)(5-\lambda)}{10-2(2\delta+1)\lambda-\delta(1-\lambda^2)},$$

$$\prod_{M1}^{TEE} = \frac{(1-\lambda)(5-\lambda-\delta(3-\lambda))}{2(10-2(2\delta+1)\lambda-\delta(1-\lambda^2))}$$

(2) $\dfrac{2(1-\lambda)(1-\delta)}{4-\delta(1+\lambda)} < w^T \leqslant 1-\delta$。将 $q_{nr}^{TEE}(w^T)$、$q_s^{TEE}(w^T)$ 和 $q_{nm}^{TEE}(w^T)$ 代入制造

商的利润决策模型,并采用 *KKT* 条件求解最优化问题,得到:

$$w^T = \frac{2(1-\delta)(1-\lambda)}{4-\delta(1+\lambda)}, \quad \prod_{M2}^{TEE} = \frac{(1-\lambda)(2-\delta)^2}{(4-\delta(1+\lambda))^2}$$

比较两种情况下制造商的利润,不难发现 $\prod_{M1}^{TEE} > \prod_{M2}^{TEE}$ 总是成立,因此,全局最优批发价格为:

$$w^{TEE} = \frac{(1-\delta)(1-\lambda)(5-\lambda)}{10-2(2\delta+1)\lambda-\delta(1-\lambda^2)}$$

那么,零售商和制造商的全局最优销量如下:

$$q_{nr}^{TEE} = \frac{\delta(1-\lambda)^2}{2(10-2(2\delta+1)\lambda-\delta(1-\lambda^2))}, \quad q_{nm}^{TEE} = \frac{5-\lambda-2\delta}{10-2(2\delta+1)\lambda-\delta(1-\lambda^2)}$$

$$q_s^{TEE} = \frac{(5-\lambda)(1-\lambda)}{2(10-2(2\delta+1)\lambda-\delta(1-\lambda^2))}$$

制造商和零售商的全局最优利润如下:

$$\prod\nolimits_M^{TEE} = \frac{(1-\lambda)(5-\lambda-\delta(3-\lambda))}{2(10-2(2\delta+1)\lambda-\delta(1-\lambda^2))}$$

$$\prod\nolimits_R^{TEE} = \frac{\begin{array}{c} 4(5-\lambda)^2\lambda + (5-\lambda)(5-15\lambda-9\lambda^2+3\lambda^3)\delta \\ + (11-44\lambda+74\lambda^2-28\lambda^3+3\lambda^4)\delta^2 \end{array}}{4(10-2(2\delta+1)\lambda-\delta(1-\lambda^2))^2}$$

命题 6-1 的证明

给定制造商选择 E，考察零售商的选择。比较零售商在 EE 和 EN 下的利润：

$$\prod\nolimits_R^{TEE} - \prod\nolimits_R^{TEN} = \frac{\delta(1-\lambda)^2 \begin{pmatrix} 3+12(1-\delta)+(1-\lambda) \\ (10+23\delta+\delta\lambda^2)+(1+8\delta)\lambda^2) \end{pmatrix}}{4(10-2(2\delta+1)\lambda-\delta(1-\lambda^2))^2}$$

不难得出，$\prod_R^{TEE} - \prod_R^{TEN} > 0$。因此，如果制造商选择 E，零售商总是选择 E。如果制造商选择 N，则：

$$\prod\nolimits_R^{TNE} - \prod\nolimits_R^{TNN} = \frac{3\delta}{16} > 0$$

因此，无论制造商是否采取入侵，零售商总是选择 E。

给定零售商选择入侵，比较制造在 EE 情形和 NE 情形下的利润。

$$\prod\nolimits_M^{TEE} - \prod\nolimits_M^{TNE} = \frac{\begin{array}{c}(\lambda^2-4\lambda-1)\delta^2-(5\lambda^2-18\lambda+1)\delta+ \\ 2(1-2\lambda)(5-\lambda)\end{array}}{8(10-2(2\delta+1)\lambda-\delta(1-\lambda^2))}$$

不难得出，当 $\delta \leq \delta_1$ 时，$\prod_R^{TEE} - \prod_R^{TEN} \leq 0$；当 $\delta > \delta_1$ 时，$\prod_R^{TEE} - \prod_R^{TEN} > 0$。其中：

$$\delta_1 = \frac{18\lambda-1-5\lambda^2-\sqrt{(41-46\lambda+9\lambda^2)(1+\lambda)^2}}{8\lambda+2(1-\lambda)(1+\lambda)}$$

因此，给定零售商入侵，制造商选择在 $\delta > \delta_1$ 时采取入侵。

命题6-3的证明

若零售商开放平台，那么制造商有两种入侵方式选择，即通过自建网站入侵或者通过零售商平台入侵。回顾第3章的基于制造商自建网站的双边入侵，存在阈值 $t_1 = \dfrac{10-2\delta-(1-\delta)\sqrt{10-\delta}}{2(9-\delta)}$，使当 $c \le t_1$ 时，双边入侵博弈的纳什均衡为 (E, E)；否则，纳什均衡为 (N, E)。为了便于与基于平台的双边入侵进行对比，令：

$$\delta_4 = \frac{8c-4c^2-1+(2c-1)\sqrt{41-12c+4c^2}}{2}$$

其中，$\delta=\delta_4$ 等价于 $c=t_1$。下面将通过对比制造商在两种双边入侵下的均衡收益，来考察制造商的入侵方式偏好。

若 $c \le \dfrac{10-\sqrt{10}}{18}$，则 $c \le t_1$ 总是成立，基于自建网站的双边入侵均衡总是 (E, E)。当 $\delta \le \delta_1$ 时，比较制造商在基于自建网站和基于零售商平台的两种双边入侵下的均衡利润：

$$\prod{}_M^{TNE} - \prod{}_M^{TEE} = -\frac{31 + 26\delta - 25\delta^2}{200(10 - \delta)} < 0$$

当 $\delta > \delta_1$ 时，比较制造商在基于平台和基于自建网站两种双边入侵下的均衡收益，得到：

$$\prod{}_M^{TEE} - \prod{}_M^{EE} = \frac{\begin{array}{l}3(73-17\delta)(10-\delta)-2(2719-2613\delta+698\delta^2)\lambda + \\ (1000-1381\delta+349\delta^2)\lambda^2\end{array}}{200(10-\lambda)(10-2(2\delta+1)\lambda-\delta(1-\lambda^2))}$$

不难得到，当 $\delta_1 < \delta \le \delta_5$ 时，$\prod{}_M^{TEE} \le \prod{}_M^{EE}$；当 $\delta > \delta_5$ 时，$\prod{}_M^{TEE} > \prod{}_M^{EE}$。因此，若 $c \le \dfrac{10-\sqrt{10}}{18}$，则制造商会在 $\delta \le \delta_5$ 时自建网站来直销产品，在 $\delta > \delta_5$ 时会在零售商平台开设直营

店来直销产品。

若 $c>\dfrac{1}{2}$，则 $c>t_1$ 总是成立，基于自建网站的双边入侵均衡总是 (N, E)。

当 $\delta\leqslant\delta_1$ 时，基于零售商平台的双边入侵均衡也是 (N, E)。因此，此时制造商总是选择 N。当 $\delta>\delta_1$，比较制造商在基于平台和基于自建网站两种双边入侵下的均衡利润，得到：

$$\prod_M^{TEE} - \prod_M^{NE} = \frac{10 - \delta - \delta^2 + (1-\delta)(4-\delta)\lambda^2 - 2(11-9\delta+2\delta^2)\lambda}{8(10-2(2\delta+1)\lambda - \delta(1-\lambda^2))} > 0$$

因此，若 $c>\dfrac{1}{2}$，则制造商在 $\delta\leqslant\delta_1$ 时选择 N，在 $\delta>\delta_1$ 时选择在零售平台开设直营店。按照相同的分析方法可证得 $\dfrac{10-\sqrt{10}}{18}<c\leqslant\dfrac{1}{2}$ 时的制造商选择。再综合所有结果，便可得到如命题 6-3 所示的结论。

致　谢

感谢恩师，是您几年里倾力地指导，让我能够更加顺利地迈进科研的门槛。还记得，在研究生入学报到前一段时间里，虽然还未见到您，但每月都能收到您的一封电子邮件。那时候就感到，我的导师是位对学生非常负责的老师。入学后，跟随您和师兄、师姐每周开展一次学习研讨会。就这样，日复一日，年复一年，在您不断的指导和培养下，让我逐渐领悟了如何去学习和思考所研究的学术问题。这几年，您不仅教会我如何学习、思考和研究专业问题，还让我学习到了如何当一名好的研究生指导老师。

感谢重庆大学周宇老师、考文垂大学（Coventry University）的 Senmao Xia 老师，以及西南交通大学经济管理学院各位老师对我学习和科研上的指导和帮助。

感谢博士论文指导老师和各位审稿专家，你们对论文所提出的宝贵建议极大地帮助了我提高论文写作质量，从而在论文基础上完成了本书的撰写。

感谢同门师兄妹和班级同学的陪伴和鼓励，一起学习、一起讨论、一起玩耍，你们的陪伴给予了我太多的温暖。

感谢多年支持我的家人，尤其是爸爸、妈妈，一直以来给予我足够的关爱、信任和支持。爸爸对待工作和生活的态度一直是我学习的楷模，妈妈用10年战胜病魔的坚强给予我面对困难的勇气。当我迷茫或焦虑的时候，给你们打个电话，心里所有的雾霾就都烟消云散了。

感谢赵梦林先生，你是我第一个分享生活中"酸、甜、苦、辣"的人。几年如一日的陪伴，让我在面对工作和生活的困难时，内心更加地踏实和坚定。

未来的道路还很长，为了不辜负老师们的教导、家人和朋友们的支持与关爱，我将带着对生活、工作的热情，继续前行。